耕さず、肥料、農薬を用いず、草や虫を敵としない……

自然農の野菜づくり

Kawaguchi Yoshikazu
川口由一 監修

Takahashi Hiroaki
高橋浩昭 著

創森社

永続可能な自然農～監修にあたって～

川口 由一

この宇宙に地球が誕生して四七億年、人類が地球に誕生して数十万年数百万年の歴史を重ね、ここに至りました。自《おの》ずからなる自然の誕生であり、いのちの営みの歴史であり、豊かにして厳しい自然の中でひたすら生きてきた人類の歴史でもあります。人々の智恵と能力、研鑽努力の積み重ねのかけがえのない厳《おごそ》かなる歴史でもありますが、同時にいのちの世界にいのちある者として目覚めきれず、悟ることできず、人としての成長をなせず、道を見失ったゆえの不幸な歴史でもあります。

ここに至り、人類が背負っている環境、資源エネルギー、食料、ゴミ問題……次々に生じて絶えぬ諸々の社会問題等々、いずれも重大な問題であり、一人ひとりが目覚め悟り、すべての分野において根本からの解決が是非に必要です。わたしたち人類にとって欠かすことのできない食をあずかる農の分野でも、いのちに、自然界生命界に、人々の心身に、決して問題を招かぬ真に正しい農が必要ですが、ここにその答えを生きる杖となり、いざないとなる自然農野菜づくりの手引書が誕生いたしました。

人が生きる基本の道を得た高橋浩昭さん、恵《めぐみ》さん夫妻と日菜子《ひなこ》さんの家族が、いのちを大切にする農の心で畑に立ち、足るを知るなかで心豊かに美しく平和に、そして誠実に、労を惜しまず、生活を創り上げてゆく日々に養われたものから生まれた誠実な書であります。この書が、いのち輝く豊かな菜園で、野菜たちとともに心平和で静かに楽しい喜びの日々を求める多くの人々の手に届き、いのちの素《もと》を晴らす素晴らしい尊いはたらきを成すものと思います。是非《ぜひ》にそうあって欲しく願っています。

自然農とともに～序に代えて～

いのちは、他のいのちを得ることで生きることができます。食料を得ることは、生きていく上で欠かすことのできない基本的で大切な活動です。

人類の多くは自然の中にあるものを得る狩猟採集の生活から自然にはたらきかけて食料を得る農耕、栽培の生活となり現在に至っています。わたしたちの先人、先輩たちは工夫に工夫を重ね、不安定ではあるものの飢えの心配のない社会、時代を築いてくれました。しかし、それは科学技術の発達、化石燃料の使用で、より積極的に自然にはたらきかけて人類本位の、思いどおりに自然を変えていこうとする様相になっています。一見、効率的に食料を得ているように思えますが、その代償はいのちの土台である環境への負荷を伴い続け、必要以上のいのちの犠牲の上に成り立っています。

今こそ環境に負担をかけずに適切に食料を得るための方策を問い、実践する必要があります。その方法が確かにあり、それを手にすることができたならば根本からの解決になります。いのちや自然をどう観るか、その生命観、自然観によって農業の姿も大きく変わります。狭い効率に合わせた農から、広いいのちに価値を置く農へ。

「自然農」は川口由一さんの気づき、実践から川口さんによって名づけられ、三〇余年がたちました。その基本は、耕さず、農薬、肥料を必要とせず、草や虫を敵としないものです。そして、そのうえで、それぞれの気候風土、自然の営みに添い従い、個々の作物の特性に応じ、まかせて工夫していきます。この基本は、いつの時代、どこの場所、自給、販売の目的を問わず共通普遍です。自然にはたらきかけて食料を得る農

業ではありますが、思いどおりに自然を変えて食料を得るものではなく、その方向性はあくまでも大きな自然の営みに合わせていくものです。自然の中に身を置き、そのはたらき、営みに気づいたならば、多くの道具、知識、技術を必要としない、誰にでもできる栽培の仕方です。

自然農の畑は一見、野原のように見えます。緑のじゅうたん、季節によっては緑のジャングルの中に草々、作物の花が咲き、実り、虫たち、小動物たちと、いのちが満ちあふれています。畑といっても自然界の理《ことわり》で作物が育ちます。

二〇年前、みずからの農のあり方に迷っていたときに川口さんの田畑に立ちました。「ああ、こういうことだったのか」という田畑の姿が、目の前に広がっていました。自給を目的として始めた農業は、その後、仕事として位置づけられ、今日に至っています。農業の位置づけは変わりましたが、作物を育てる理は目的が変わってもずっと同じものです。自給から販売まで、そして自然農の広がりについて今までの歩みを振り返りながら文字にしました。ここ一〇年間は野生動物の対応に多くのエネルギーをさかざるを得ず、農業の経営を揺さぶられ続け、その答えはなかなか見つけられません。

すべては変化のうちにあります。畑では毎年同じ時期に同じように作業が繰り返されますが、畑もわたしも常に変化し同じ状態にはありません。経験を積んでもみずからに起きることはいつも未知のことばかりです。農を始めようとする方、すでに始められた方も、どうやったらいいのか迷うこともあると思います。そんなときに本書が力になれたならば幸いです。

二〇一〇年 九月

高橋 浩昭

自然農の野菜づくり――もくじ

梓川ミニトマト

四葉キュウリ

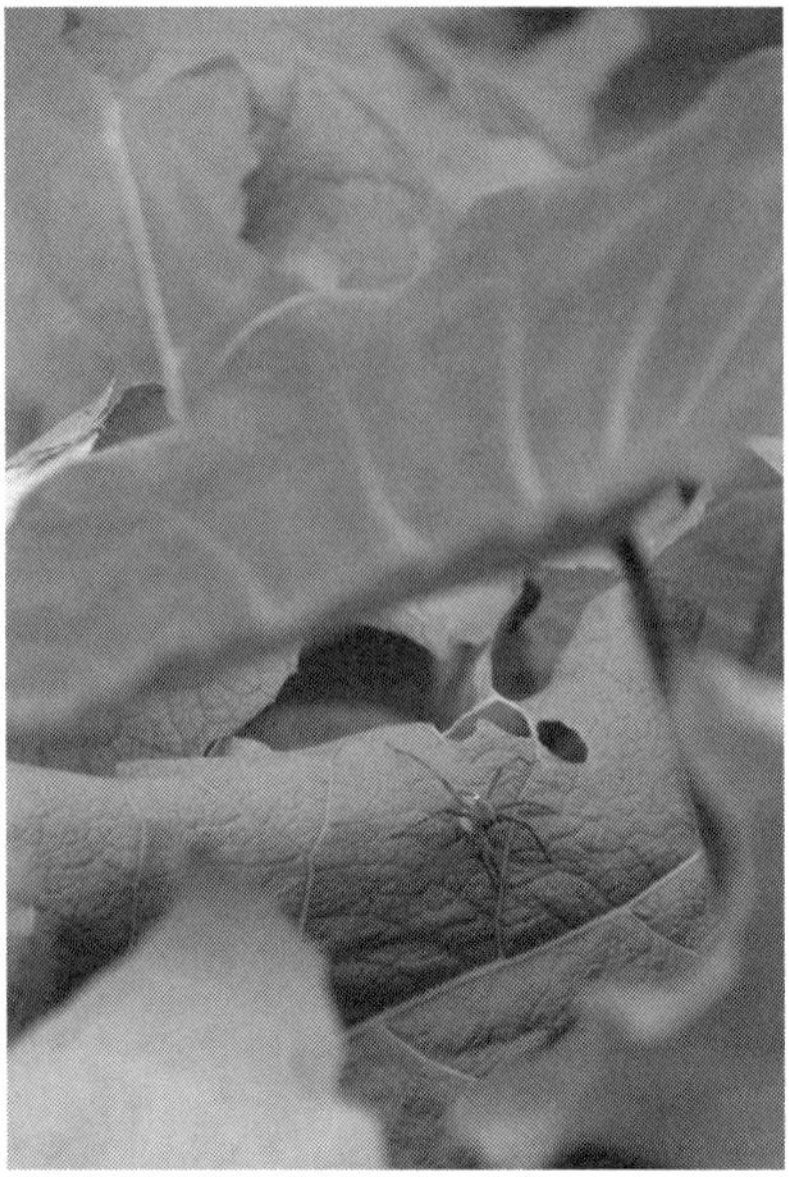
サトイモの葉とクモ

WELCOME 自然農の世界

生命の営みに添い
応じ まかせる

「結婚と同時に農的な暮らしがスタート」と高橋さん(静岡県沼津市西浦)

平地が少ない山間地のため、農地はすべて段々畑(生育しているのは九条ネギ)

品種は酸味が強く、さわやかな味わいのブラジルミニトマト

ミニトマトを収穫

採種用のゴボウの総苞(品種は大浦太ゴボウ)

ゴボウは生長に合わせ、数度の間引きをおこなう

妙なる畑を耕さず
肥料・農薬を用いない

ブロッコリーの苗

岩槻ネギの苗床

ニンジン畑（品種は小泉冬越五寸）

タマネギの発芽

収穫間近のニラ

クズの葉も敷き草となる

チガヤは畑周辺に自生している

土層の断面。多くの草々、亡骸などが積み重なった豊饒の舞台でもある

枯れて敷き草となったチガヤ

美しく花が咲き豊かに実って

オクラの品種は丸莢のエメラルド

歯ざわりのよい四葉キュウリ

ナスの花は印象的な紫色

収穫期のモロヘイヤ

ピーマンは夏場から収穫

キュウリには雄花と雌花(果実になる)がある

収穫期の秋ナス

出盛り期に白い花が次々と咲く

多様な生きものを敵としない

地表を掘るとフトミミズがお目見え
イノシシがミミズなどを食べるため掘った跡

イノシシなどの食害を防ぐため、コンパネ、廃トタンなどで柵をつくり、畑を囲う

ウサギ、カラスなどによる食害を防ぐため、防鳥網をかけて作物を覆う

ゴボウの葉の上のオンブバッタ

ナスの茎につくイナゴの一種

ツマグロオオヨコバイの登場

ナガコガネグモの仲間がいるのは、生きものが豊かな証し

樹液を吸うホウズキカメムシ

トマト畑にいるイモムシ

第１章

生命の営みをつなぐ自然農の要諦

カラシナとネギが同じ場所で同時に生育

畑の準備をする

自然農の畑と立地条件

畑の準備というと、まず耕して肥料を施しての土づくりからというのが今までの常識です。しかし、自然農の場合は耕すことなく、必要に応じて畝《うね》をつくり、草を生やすことを手始めに、その場所をたくさんのいのちが生きる場所にすることが畑の準備です。月日を重ね、いのちの営みが積み重なり、そこを舞台に作物が育ちます。人が土の中に手を加えることをしなくても、いのちの営みとその時間が畑をつくります。

耕してしまうと、作物を育てるために作付けのたびに耕すことになり、肥料も必要になりますが、耕さないで草を生やすと、耕すことも肥料も必要がなくなってきます。耕さないか、耕すか、草を生やすか、取り除くかが大きな分岐点になります。

それでは畑に立って具体的にどんな作業をして準備をしていくかですが、これから自然農を始める大地はどんな場所でしょうか。

平地か傾斜地か、湿地か乾燥地か、日当たりはどうか、風当たりはどうか、草が生えているかいないか、生えている草はどんな種類の草か、木が生えているかいないか。このようないくつかのポイントを

畑にする場所（耕作放棄地）

草を刈り、作付けの準備をする

とらえて、種を降ろす前に作物が育つ舞台を整えます。自然に添い、従いながら、手を貸して実りをいただく自然とのかかわりが始まります。

畝の考え方と取り組み方

畝づくりの基本　まず、畝をどうするかを考えます。畑の中で野菜が育つ場所のことを畝と言います。畝を立てるか立てないか、立てるとしたら高い畝か、低い畝かを決めます。つくり方は違いますが、畝づくりは自然農に限ったものでなく、どの栽培の仕方においてもおこなわれます。

野菜の生育に水は必要ですが湿地を好むものは少なく、もともとの田んぼを切り替えた畑や粘土が多く乾きにくい畑、雨が降ると水が溜まるような畑は少し高めの畝を立てます。平地の畑であれば、一〇cm前後の低い畝を立てます。乾燥しやすい畑や傾斜地では、平らのままの平畝にします。畝は通気と排水をはかり、畝の高さ（溝の深さ）は湿り具合によります。

畝立て。刈った草を脇にどかし、溝を切る

溝の土を畝の上にのせる

土の上に草をかけ、畝立て完成

一般的な農業では草を刈り取り、全面を耕して、草の根も取り除いて畝をつくります。自然農の場合は耕すことなく、排水と通気を兼ねた溝と畝の境目にスコップで切り込みを入れ、溝幅分の土を両側に盛って畝をつくります。草が生えている場合は一度草を刈って脇にどかしておいて、溝の土を盛り、畝を立てた後に刈り取った草を畝上に戻して敷きます。溝は通路も兼ねます。

畝の幅は両側から手の届く一m前後が基本ですが、カボチャやスイカのように横に幅広く育つ作物もありますので、三〜四mの広い畝をつくってもよいです。畝の高さ、幅は保水と排水、通気の具合を考慮に入れて決めます。

畝の向きは、日当たりを考えると南北が基本ですが、冬越しの防寒対策を考えると東西、畑の形、風当たり、水の流れ、作業のしやすさなど総合的に考えてつくります。

耕す農業の場合は作付けごとに毎回畝をつくりますが、自然農では、一度畝をつくれば形が崩れてつくり直すまでそのままです。数年経って畝が低くなってきたら溝の土を掘り上げ、畝の上に置いて形を整えます。

また、作付けしてみて湿り過ぎているようなら溝を深くし、乾き過ぎるようなら溝を浅くするか平畝にして調整します。畝をつくり変える時期は、秋の終わりから冬の前におこなうのが混乱が少ないように思います。

畝立ての是非　ゆるやかな傾斜地では、そのまま畝立てせず、等高線上に作付けをしてもよいです。傾斜のきついところでは、階段上に段々畑にして一段一段がそのまま畝になります。

わたしのところは傾斜のきつい山間地のため、畑の形は幅二mから一〇mくらいのいろいろな形の段々畑です。畝は必ず立てるものと思い、畝を立てたのですが、何度か作付けしてみると乾き過ぎることに気づき、平らに戻しました。

段々畑になっている状態の一段一段がすでに畝の役割をしていることが、作付けしてみてわかりました。傾斜地の場合は、排水がよいので乾き過ぎない配慮をします。

畝立ての取り組み例

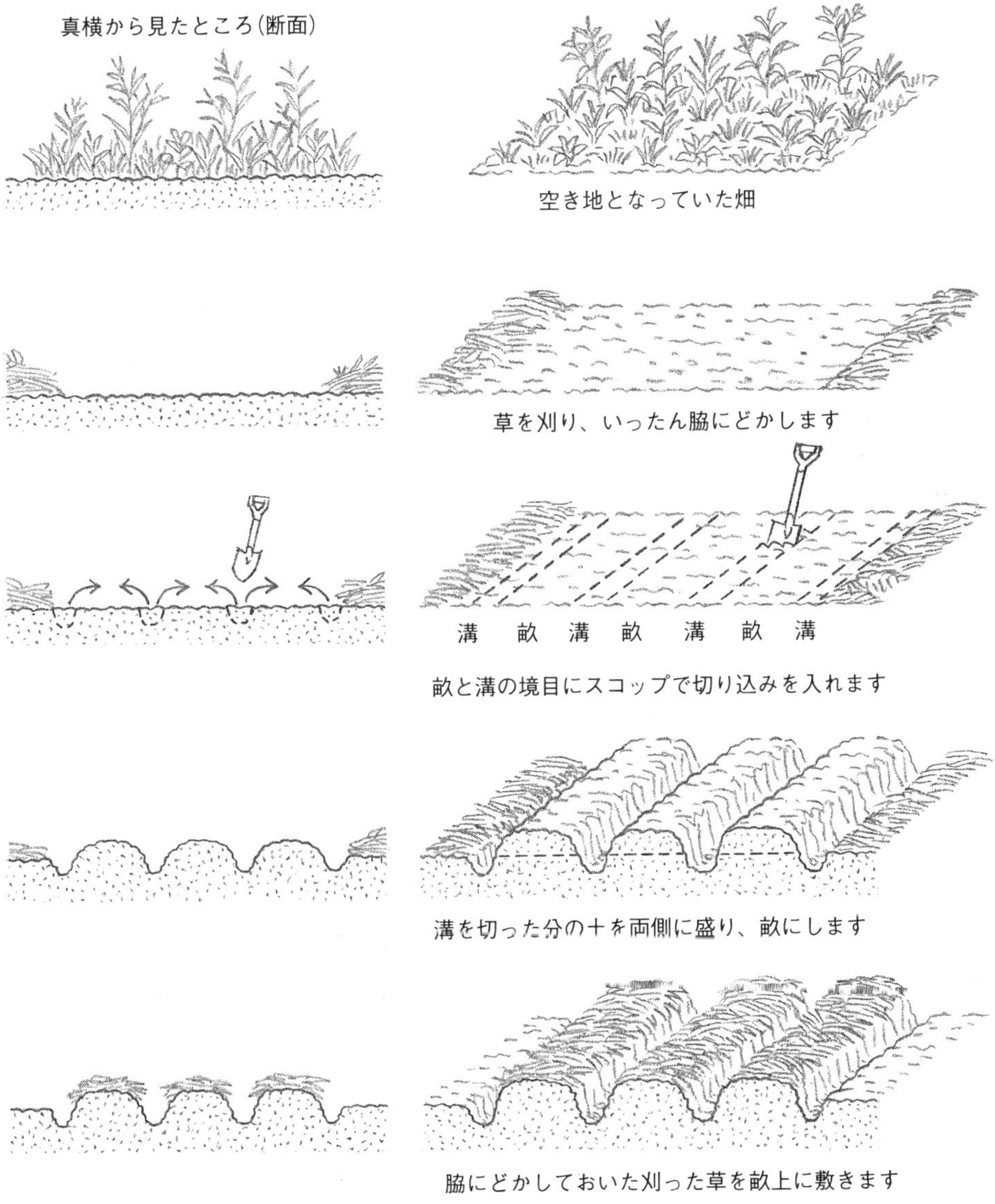

真横から見たところ(断面)
空き地となっていた畑
草を刈り、いったん脇にどかします

畝と溝の境目にスコップで切り込みを入れます
溝を切った分の土を両側に盛り、畝にします
脇にどかしておいた刈った草を畝上に敷きます

溝の深さ、畝の高さ・幅は畑の乾き具合、湿り具合また育てる
作物によって変わります

土地の状態と手の加え方

土と土地の状態　今まで、どのような畑の使われ方をしていたかによっても、少し手の加え方が異なります。今まで耕され肥料、農薬が施されていた畑の場合、畝づくりを終えたら、とにかく草が生えるようにします。

耕され続けた畑を自然農の畑に切り替え耕さなくなると、いったん固くなります。そして、次々生えてくる草々とさまざまないのちの営み、活動によって徐々に土は柔らかくなり、裸になっていた土も動植物の営みの積み重なりに覆われていきます。天然自然の営みに戻し、そこで営まれるいのちの活動が盛んになるほど豊かな畑になっていきます。展開され、繰り広げられる自然の営みのなかで、過去に施された肥料、農薬も分解、浄化されていきます。

そのため、自然農の畑の土は団粒構造ですきまがあり、すきまのない単粒構造の土より排水性、保水力に富み、土壌中の酸素も豊富です。

なかなか草が生えず、土が裸になっていたら近くの道路脇の草や土手の処分されてしまう草、落ち葉などを敷いて畑の表面を覆ったり、米ぬか、油かすなどを振り撒いたり、イネ科やマメ科の緑肥作物の種をまくなどして地表で生命活動が始まるように少し工夫をします。草が生え始めれば余計なことをせず、あとはその場で展開される生命活動にまかせます。天然自然の営みにまかせるのが最善最適です。

耕作が放棄され、草木が繁茂した状態の畑の場合、一見荒れ地と見えますが、足元はいのちの営みの層ができ、とても豊かな状態になっています。自然農での栽培に入るには適していて、この層を壊すことなく栽培に入ります。

畑への手の加え方　地上部の草を刈り、木を伐り、これは燃やさず、作付けの邪魔にならないように畑に敷き、土に還《かえ》します。地中の根の部分は手を加えず、そのままにします。必要に応じて畝をつくり、作付けをします。放棄された畑は、ササやクズなど宿根性の多年草が生えていることも多く、足元は豊かになっていますが、畑に戻した数年は草の勢いが旺盛なので野菜が負けないように、草の刈り方を工夫します。

畑の周囲に手を加えることが可能であれば、日当たりがよくなるように工夫したり、風が強く当たるような畑や冬の防寒対策が必要な畑は木を植えたり、土を盛ったり、防風ネットなどを利用して風や寒さを和らげるようにします。また、野生動物が多く生息することが、あらかじめわかっていたら、畑を守る柵を設けるなどしておかれるとよいと思います。目についたゴミなどは取り除いておきます。

草を敷いてあるピーマン畑

畑の準備に必要な道具

畑の準備に必要な道具は鎌、鍬《くわ》、スコップ（シャベル）、メジャー、ロープなどで、栽培が始まれば移植ごて、鋏《はさみ》などが加わります。鎌には草刈り鎌、除草鎌、のこぎり鎌、曲がり鎌（表土を削ったり整えたりする）があります。鍬には使いやすい万能鍬、三つ又鍬（芋などを掘り出したりするときに使用）があります。スコップは、移植ごてとともに土を掘ったりするときに使う欠かせない道具です。

これらが基本のもので、その他のものは必要に応じて揃えたらよいでしょう。自然農は多くの道具、ことさら大きな道具を用意、準備しなくてもできる農業です。

畑には自分の考えや思いが反映され、投げかけたことの結果は畑が出し続けてくれますので、それを受け止めて、みずからのあり方を会得していく作業が自然農であるとも言えます。農を手がける者は、畑で展開されるいのちの営みの一員です。

畑に合う作物&育てる作物の選択

畑の状態に合った作物を選ぶ

畑の準備を終えたら育てる作物の選択です。作物はその場所、環境に合った育ち方をします。作物は、与えられた環境の中で適応力を発揮し精一杯生きます。作物自身も生きることをとおして環境を整えていこうとしますが、合わない場所では充分に育ちきれず、実りに結びつかないことにもなります。

環境を大きく変えないで自然に添って栽培に臨む自然農では、その畑の状態に合った作物を選んで育てることが上手に実りをいただくことにつながる重要なポイントです。作物の性質を知り、無理せず畑に合ったものを適期に育てることができれば人の手を多く必要とせず、環境を大きく変えることなく、作物みずからの生命力と最小限の手助けでみごとに育ちます。

自然農は変化し続け移り変わる畑を感じ取って、この季節この場所で何を育てたらいいのか、合うものを見つけていく、探していくものでもあります。

自然農だからできないという作物はありませんが、畑がまだその作物を育てられる状態になっていないということがあります。育てられるようになるために必要な営みの時間、そのときまで待たなければできないこともあります。また、それでも育てるというときには米ぬか、油かす、草木灰などを補ってあげたり、土が固ければ育てる周辺の土をほぐしたりします。

適地適作という言葉があります。ダイコンの産地、キャベツの産地など産地が形成されているところの多くは、気候風土などマクロにとらえた適地適作であり、畑の中でこの場所は今何を育てるのがいいのかは畑の個性に合わせたミクロにとらえた適地適作と言えると思います。

わたしの畑は全体で二十数枚の段々畑です。一枚の畑の大きさ、日当たり、風当たり、乾き具合、湿り具合がすべて異なります。傾斜地の段々畑なので排水がよく全体に乾きやすいのですが、やはり上の段で日当たりがよく、風が当たるところはより乾燥しがちになります。

下の段は湿り気があり、夏は充分日が当たりますが、冬の日照時間は極端に短く、冷気がたまりやすくなります。また、同じ段の畑でも山側と谷側では状況が異なります。その条件に合わせながら育てる作物を選んでいます。

育てる作物を選択する

では何を目安にして育てる作物を選択するかですが、草はその畑の状態を表していますので、多くの場合、草々の様子から、種類、大きさ、勢いを目安に作物を選びます。例えば草々が全体に勢いがあり、大きく育っている畑では足元が豊かで養分を多く必要とするナス、タマネギ、結球するキャベツ、ハクサイ、そしてブロッコリーなども元気に育つ力を持っていると思います。逆にダイズなどにとっては、葉や茎が育ち過ぎて実入りが少なくなることにもなります。

また、カラスノエンドウ、ハコベ、オオイヌノフグリ、ホトケノザなどの一年草が元気な畑は、だいたいどの作物を選んでもよく育ちます。少し日陰で湿り気のあるところはドクダミ、日当たりよく乾きがちなところはチガヤ、ススキなどのイネ科やセイタカアワダチソウなどが目立ちます。それを目安に湿り気を好む作物、乾燥を好む作物を選んで育てるようにします。

今まで耕され、草を取られ続けた畑は自然農に切り替えた場合、土がいったん固くなり、土に含まれる草の種も少ないので、なかなか草が生えてこないことがあります。このような場合、最初の数年は育てられる作物の種類が限られることがあり、麦類、豆類、芋類（サツマイモ、ジャガイモ、サトイモ）などから栽培をスタートさせると失敗も少ないようです。そして草々が生え、よみがるのに合わせて栽培できるものを選んでいきます。

逆に長年、耕作を放棄されて草が伸び放題になっていた畑では足元が豊かでいろいろなものを育てられる状態ですが、強く勢いのある宿根性の多年草が生い茂っていることが多く、その草々に負けないで育つ作物を選ぶことと、地上部を刈っても根が生きていて枯れずに芽が出てくるので、種を降ろす周辺の根を切り、取り除いたり、草を刈る回数を多くするなど草の勢いを抑える工夫が必要になってきます。

地を這って育つ作物、背の低い作物はすぐに草に覆われ草に埋もれてしまうことにもなるので、そういうものを選んで育てるためには多くの手をかける必要が生じます。

さまざまな草が畑にあることは片寄りなくつくり出され、集められることでもあり、その根は浅いところ深いところに張り巡り、そのことは、さまざまな作物を育てられることにつながっていきます。最初は育てられる種類が限られるかもしれませんが、月日を重ね、いのちの営みが積み重なり、豊かな場所によみがえれば、大きな幅を持ってこちらが栽培したい作物を迎え入れてくれるようになります。

合う、合わないをよく見ていくと作物の種類だけでなく、同じ作物の中でも品質によって合う合わないがあります。同じジャガイモを育てる場合でも、わたしの畑では冷涼地向きの男爵、メークインなどよりも暖地向きの品種、デジマ、ニシユタカが合っています。

トマトは、自然農育成の品種のものは病気にかかりにくく、実りを多くいただけます。そしてネギの場合は自然農という栽培の仕方に合わせて土寄せをしなくても分けつ（茎が根の近くから枝分かれすること）が進んで収量が増える品種を選んでいます。耕土が浅い畑では長根のダイコンではなく丸型品種を、ゴボウも短根品種を選べば、その条件のなかで実りをいただくことができます。

連作、輪作にあたって

畑で育てる作物を選ぶときに続けて同じ場所で同

じ作物を育てる連作、つくり回して違う作物を育てる輪作という栽培の仕方、作物の選択があります。連作すると連作障害が出やすくなるので輪作がよく、逆に連作することでその場に合った作物と畑の関係ができあがり、連作がいいと両方の考え方があります。

作物の性質によっても異なると思いますが、自然農では畑の中にたくさんのいのちが生息し、片寄りがなくなるので連作障害は出にくいと言われています。前年のこぼれ種が自然発芽し、みごとに育っている姿を見ると連作がいいという見方もできます。連作の場合は自家採種したものというのも大きな要素であると思います。作物と畑によっては三年はいいが四年目はだめ、九年はいいが一〇年目はだめということもあるかもしれません。

わたしは意識的、積極的に連作することはせず、同じ作物を同じ場所で育てるときは、最低一年空け、あとは草などの様子で判断しています。決まったかたちがなく、自然に添いしたがって応じていくことは、自然農の基本のあり方です。自然農の実践者は年々増え、自然農での連作、輪作の実践例などもこれから増えてくることと思います。

育てる作物を選ぶときの一応の目安を書きましたが、合う合わないは自然、畑、作物が答えを出してくれます。何年か栽培するなかで畑に立ったときの感覚を大事にして自由自在に育てる作物を選んで種を降ろし、気候風土に合う、畑に合う、自然農という栽培の仕方に合う作物、品種を探していって実りをいただいてください。

こぼれ種で生育した菜の花

野菜を切らさない作付けの工夫

穫れたての鮮度のよい野菜をいつも手にすることができるのはわたしたちの食生活を豊かにし、そしていのちを支えてくれます。また、長く保存、貯蔵できる野菜が手元にあることは便利で安心です。

わたしの住む伊豆半島は、標高の高いところを除けば比較的温暖で一年をとおして露地栽培が可能な土地ですが、セット野菜での販売を始めてからは、いつも一〇種類前後の野菜を届けられるように作付けをしていくことが大きな課題でした。その課題にどのように取り組んできたか、作付けの工夫と作物別の工夫に分けて考えてみました。ある程度の広さは必要ですが、少し工夫するだけでも野菜を切らさないことが可能になります。

作付けの工夫

●基本の作付け体系ができるまで図や表に書いて計画を立て、何年か実践し、収穫の空白になる時期、端境期を明確にして、そこを埋める工夫をします。

●いつの時期にも、その時期に収穫できる三～五種類くらいの柱になる作物を頭においておき、それに葉物、香味野菜を加えて作付けを考えます。

●面積が許されれば貯蔵、保存ができるものを多めに作付けします（芋類、タマネギ、カボチャなど）。

●栽培適期、播種《はしゅ》時期の幅を最大限に生かし、何回かに分けて播種して収穫期の幅を広げます。

●同じ種類の野菜でも早生《わせ》、中生《なかて》、晩生《おくて》の品種を組み合わせて、収穫期の幅を広げます。

●間引き菜を大いに活用します。

●同じ野菜でも季節によって違う生育、収穫期間を頭に入れ、つかんでおきます（春まき、秋まきの違いなど）。

●一度に収穫を迎えず、徐々に実る果菜類、豆類の収穫のはしり、盛り、名残《なごり》の様子を感覚としてつかんでおきます。

●畑を立体的に使います。上に育つものと横に育つものの混植。暑い時期に木陰で葉物を育てるなど。

●直《じか》まき、育苗の組み合わせで畑を有効に使います。

●復活野菜を利用します。なにかの理由で病気が出たり枯れても、ある時期に復活するものもあります。キャベツは一度収穫したあと再結球するもの、ときには再々結球するものもあります。

●宿根性野菜の利用、活用。一度種降ろし、植えつけをすれば毎年おこなわなくても収穫できるものを上手に畑に組み入れます（フキ、ミョウガ、アスパラガス、ワラビ、ノビル、アシタバ、畑ワサビ、タケノコなど）。

●こぼれ種、掘り残しのものを生かします。作物自身に種まきをしてもらいます（シソ、葉物全般、ゴボウ、ダイコン、芋類）。

●株分けして能率よく増やします（ニラ、ネギなど）。

●多く収穫できたら加工します（ダイコン、ニンジン、サツマイモなどの切り干し。トマトのピューレ。葉物、根菜の漬け物）。

●株ごと収穫せず、かき菜として利用します（サニーレタス、セロリ、アサツキ、ワケギ、葉ネギなど）。

●野草を活用します。自然農の畑は野草の宝庫です。食べられる野草がたくさんあります。摘み草ごはん、摘み草サラダ、てんぷらなどとてもおいしく、野菜が穫れないときでも畑は多くの恵みを与えてくれます。草々とともにある自然農の畑ならではです。

作物別の工夫

●**ネギ**　ネギ坊主が出るのが遅く、春の端境期に収穫できる晩生ネギ「汐止晩生《しおどめ》」「東京晩生」「三春《みはる》ネギ」を活用すれば収穫期間が広がります。

●**ダイコン**　春まきは「早太り時無《ときなし》」、夏まきは

「みの早生」、秋まきは早生で青首の「宮重《みやしげ》」、中生は「大蔵」や「三浦」、晩生、極晩生は「桜島」、超晩生として吸込系《すいこみ》（ダイコンの上部が地上に出てこない系統）の「二年子《にねんご》」「雪の下」「早太り時無」などの品種を組み合わせて収穫期間を広げます。

●ハクサイ　早生、中生、晩生の品種を選び、収穫期間の幅を広げます。結球に至らず開いたものは冬から春の青菜として、そして最後はトウ（薹）立ち（盛りが過ぎる）した蕾《つぼみ》を菜の花として収穫します。間引き菜から利用すれば一〇月から翌年四月まで間引き菜、結球ハクサイ、開いたハクサイ、菜の花と姿形を変え、長期間食用できます。

●ジャガイモ　品種を選んで春秋二回育てられます。「デジマ」「ニシユタカ」「アンデス」は、春秋二期育てられます。

●インゲン　四～五月まきで七～八月収穫。七～八月まきで九～一〇月収穫と二期育てられます。一《いち》時《どき》に収穫できる蔓なし種と、徐々に実り、収穫期間が長い蔓あり種を組み合わせます。食べきれないほど育ったら、完熟させ豆として利用します。

●三尺ササゲ　真夏に収穫できる豆として重宝します。完熟させ、豆としても利用します。

●絹サヤエンドウ、グリンピース　食べきれないほど育ったら完熟させ、豆として利用します。

●トウモロコシ　夏採り、秋採りの二期育てられます。ポップコーンは完熟、乾燥して貯蔵ができます。粉として利用できる品種もあります。

●キュウリ　春から初夏は立ちキュウリ、夏から秋は台風対策も兼ね地這いキュウリを育て、二期育てることができます。

●オクラ　実が大きくなっても固くなりにくい品種の「八丈」「エメラルド」「島（琉球）オクラ」は重宝します。

●ニンジン　寒さに強くトウ立ちの遅い越冬性の「小泉冬越五寸」を選びます。

●タマネギ　冬に芽が出たものを春に植えつけ、分球したものを葉タマネギとして利用します。

●ブロッコリー　晩生のものは頂花蕾《ちょうからい》を収穫した後、側花蕾が長期間収穫できるので、早生と組み合わせるとかなり長期にわたって食べることができま

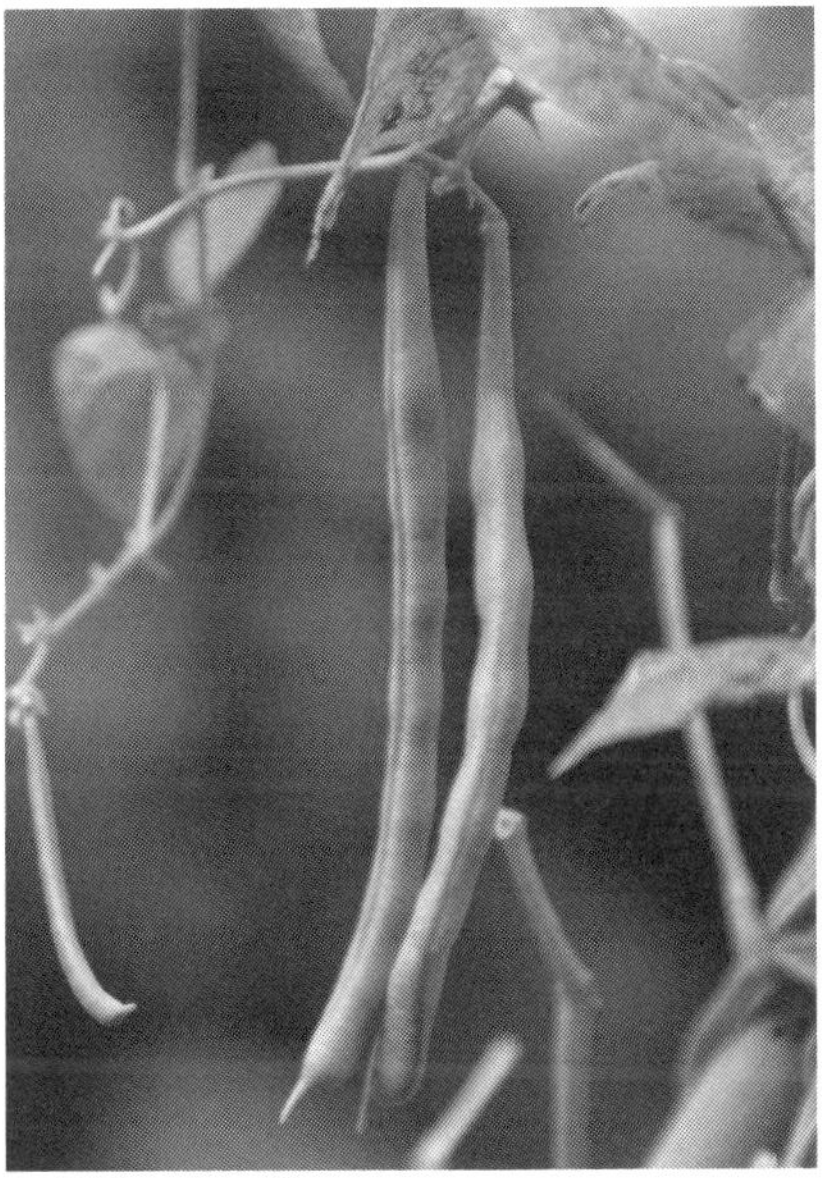

収穫期のインゲン

モロヘイヤを収穫

す。

●サニーレタス、セロリ　株ごと収穫せず、必要な分ずつ葉をかいて、かき菜として利用します。

●葉物類　フダンソウ、エンサイ、モロヘイヤ、ツルムラサキは、葉物が育ちにくい真夏でも元気に育ち収穫できます。ベンリナ、サントウサイは比較的暑さにも強く、真夏と真冬を除き収穫できます。ミブナ、京水菜、京菜は寒さに強く晩生でトウ立ちが遅いので、冬から三月中下旬頃まで収穫できます。「四月しろな」「大阪しろな」は寒さに強くトウ立ちも遅く、冬から四月頃まで収穫できます。「四月しろな」は暑さにも強く、春まきにも重宝します。「三陸つぼみ菜」は菜の花用の品種で耐寒性があり、普通の菜の花よりも収穫が遅く、端境期の四月に収穫できます。

●ラディッシュ　生育が早く一ヶ月くらいで収穫できるので、空いた畑や作物の間《ま》など少しの間を利用して育てることができます。

種のまき方、降ろし方の基本

自然農での種のまき方、降ろし方ですが、取り組み始めた当初、耕して土を出すことなく、加えて草が生えている中にどうやって種を降ろしていったらいいのかわかりませんでした。一九九〇年に川口由一さんの畑の見学会に参加して種降ろしの作業を実際に見て、その方法を教えていただき、自分の畑に応用していきました。

一部の野菜、作物、また、季節によっては草の上から種をばらまくだけで育つものもありますが、できるだけ確実に育てるためには種を降ろすところの草を刈り、一度土を出して確実に種を土の中に降ろします。

自然農では、種を降ろす前に全面を耕し、肥料を施す作業、準備とその時間は必要ありませんが、種を降ろす時間だけを考えると一般の栽培の仕方に比べて時間と手間はかかることが多いです。

ばらまき、すじまき、点まき

ここでは、直接畑に種を降ろす直まきの仕方について考えてみたいと思います。種の降ろし方は、野菜の性質に合わせて大きく三つの仕方があります。①ばらまき、②すじまき、③点まきの三つです。

ばらまき　ばらまきは主に秋から冬にかけて育つ葉物、コマツナ、シュンギク、サニーレタスなどに適したやり方で栽培するところ全面にまく法です。

すじまき　すじまきは筋状に種を降ろしていくやり方でダイコン、ニンジン、ゴボウ、カブなどの根菜類、コマツナ、ホウレンソウ、京水菜、などの葉物類に向くやり方です。すじまきの中でも野菜の性質によってすじばらまき、二条すじまき、一条すじまきがありますが、ニンジンなどのように葉が細く、初期成育がゆっくりなものはすじばらまき、一般的な葉物などは二条すじまき、種が大きなもの、生育が早いもの、一株一株が大きくなるダイコンなどは一条すじまきというのが大まかな目安です。
まき幅は、基本的には鍬の幅、だいたい一〇〜二〇cmです。

点まき　点まきは間隔を空けて一株一株が大きく育つ野菜に向くやり方でキャベツ、ハクサイなどの大きく育つ葉物類、絹サヤエンドウ、サヤインゲン、エダマメなどの豆類、トマト、ピーマン、ナス、トウモロコシ、カボチャ、スイカなどの果菜類、ジャガイモ、サトイモなどの芋類、ダイコンなどの根菜類の栽培に適しています。

種のまき方、降ろし方は以上のような仕方がありますが、この野菜にはこれという固定したものではなく、同じ野菜でもそのときの畑の状態、草や虫の様子、季節によってばらまきがよかったり、すじまきがよかったり、点まきがよかったりということがあります。したがって野菜の性質を知ることに加えて、これらの何とおりかのやり方があることを知って、そのときによって適したやり方を選択していく

種降ろしのため、草をかきわける

すじまきを終え、覆土。草を戻す

ことが上手に育てることになります。

種のまき方、降ろし方のコツ

種降ろしの場所の手入れ　ばらまきのやり方の一部を除いて、基本的には種を降ろす場所の草を刈り、土を出して土の中に確実に種を降ろします。鎌(主にのこぎり鎌)と鍬を使っておこないますが、草を刈ったあと、一度草を脇に置き土を出します。そして地表面近くに草々の茎が残っていれば、また、これから発芽する草々の種子をけずる感じで取り除きます。

また、宿根性の多年草の根が残っている場合は、刈ってもすぐに芽が出て幼少期の野菜が負けてしまったり、すぐに草抑えの作業が必要になることがあるので、鎌か鍬を地中に刺して少していねいに取り除きます。これらの作業は全面おこなう必要はなく、あくまでも最小限、野菜の種を降ろす場所周辺に限ります。

種降ろしの深さ　種を降ろす深さは野菜によって発芽に光を好むものと暗さを好むものとがあるので、その野菜に合わせます。

大まかなとらえ方では、葉物などの小さな種のものは浅く(種がかくれる程度に薄く覆土)、豆類、カボチャ、オクラ、トウモロコシなどの大きな種のものは深く(厚く一～二cmの覆土)、中くらいのダイコン、キュウリなどはその中間くらいの感じです。

種まき、種降ろしのコツ　種を降ろすときの種と種の間、種間《たねま》に関しては小さい種のもの、生育がゆっくりのものは多少混みあい、厚めの種降ろしでもよく、大きめの種、早く生長するものは離します。生長がゆっくりな作物は草に負けないように気持ち厚め、多めに、生長が早いものは徒長しないように薄く、少なくという感じです。種を土に降ろしたら覆土し、土と種が密着するように手のひらや鍬で軽く上から押さえます。

一条すじまき、二条すじまきの場合は鎌の先でまき溝をつくり、そこに種を降ろして手のひらで溝を埋めていくように土を平らに戻します。

点まきする大きな種のものは指先で穴をつくり、

種のまき方・降ろし方

ばらまき

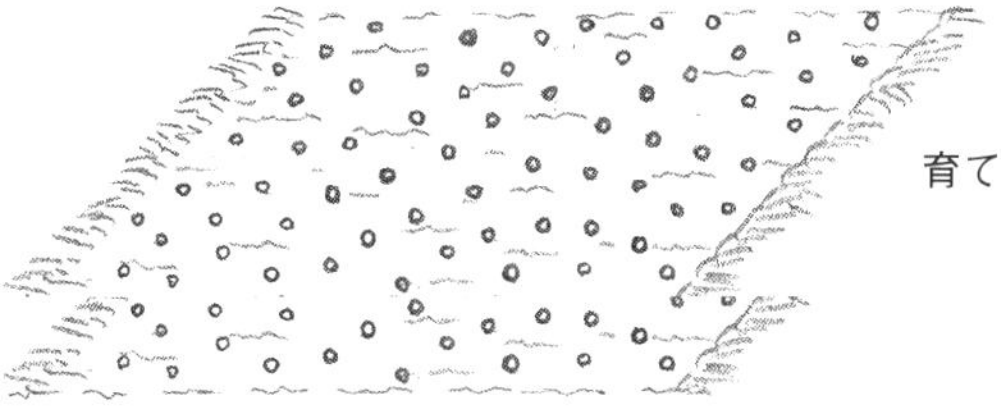

育てるところ全面に種をまきます

すじまき

筋状に種をまきます

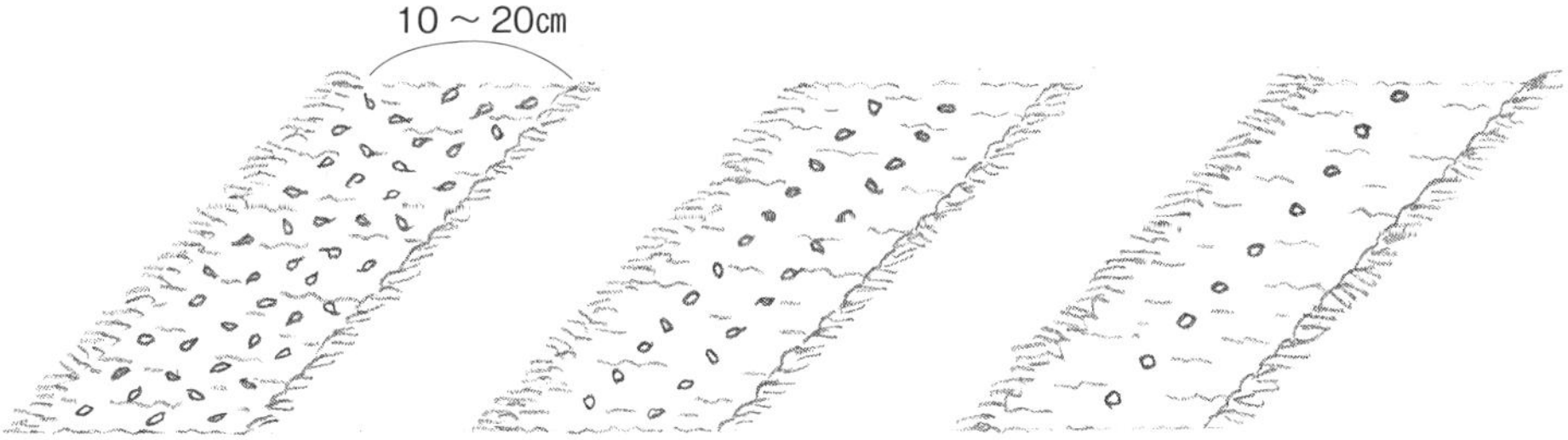

すじばらまき　　2条すじまき　　1条すじまき

点まき

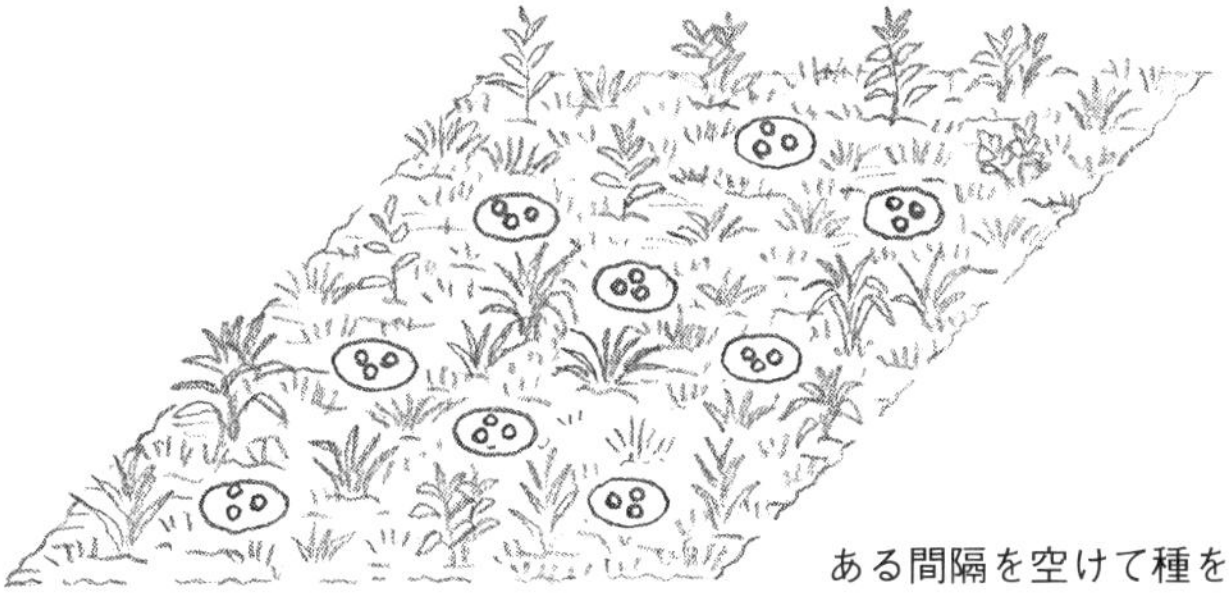

ある間隔を空けて種をまきます

作物の生育状態を観察

ダイコンの本葉が出はじめる

自然農の畑は、適度な湿り気を保っている

そこに種を降ろし手のひらで埋めるように土を平らに戻します。そして刈り取って脇に置いていた草をかけ、土を裸にしないようにします。野菜によってかける草の厚さも調整します。また、発芽の妨げになるような大きな草、葉、トゲのある草は避けます。

自然農の畑は適度な湿り気が常に保たれ、発芽のための水やりは、よほどの干魃《かんばつ》、日照りのとき以外はほとんど必要ありません。通気がよく、保水、排水もよい土です。乾燥気味のときは天候に合わせ、降雨を待ってその前後に種を降ろすようにします。神経質になる必要はありませんが種降ろしによって発芽や幼いときの生育、間引き作業を左右しますので、野菜の性質、そのときの畑の状態に合った種降ろしをていねいにおこないます。種まきは、「まく」「降ろす」「並べる」「置く」、作物によってこのような表現になると思います。時期は何年か記録を取りながら参考にしていきますが、身の回りの自然、樹木の開花、鳥や虫の初鳴きなども目安にしていきます。

育苗と植えつけ

育苗のポイント

多くの野菜は畑に直接種を降ろしてそのままそこで生長し一生を過ごしますが、野菜によっては、ある期間育苗し、移植して畑に植えつけ、一生を過ごすものがあります。わたしがこの育苗、移植の仕方で栽培している主なものは果菜類のトマト、ミニトマト、ピーマン、シシトウガラシ、ナス、キュウリなど、花茎菜類のキャベツ、ブロッコリー、カリフラワー、モロヘイヤ、ネギ、タマネギなど、根菜類のサツマイモです。

育苗の仕方は、畑の一画を苗床として育てる方法とポリポットなどの鉢で育てる方法があります。また、鉢で育てる場合は、その置き場所が露地の場合と踏み込み温床（後述）の場合があります。

畑の一画の苗床　わたしが畑の一画を苗床としているものはネギ、タマネギです。畑の一画、鉢どちらかの方法で育苗しているものはキャベツ、ブロッコリー、カリフラワーです。

畑の一画を苗床にする場合、大きさは両側から手の届く幅、大きさとします。その苗床にばらまき、またはすじまきして育苗します。

サツマイモは畑の一画、踏み込み温床どちらの方法でも。そのときの状況で選択しています。

鉢での育苗　鉢で育苗しているものはモロヘイヤ、キュウリ、カボチャ、スイカ、マクワウリで、鉢で踏み込み温床で育苗しているものはトマト、ミニトマト、ナス、ピーマン、シシトウガラシです。

鉢での育苗は野菜の種類によって鉢の大きさが異なります。わたしは七・五cmと九cmの大きさの鉢を使い分けています。育苗する土についてわたしは畑の土を取ってふるいにかけたものと、落ち葉や草を積んでおいて朽ちた腐葉土を混ぜたものを用いていま

種を降ろしたあと、覆土。草を戻す

苗床をつくる（土を平らにならす）

す。また、鉢で育苗する場合は、土が乾いたら灌水をしています。生長に合わせて何度か植え替えをする仕方もありますが、わたしは植え替えせず畑に定植しています。

踏み込み温床　踏み込み温床は、まだ気温の低い二～三月に発酵熱を利用して夏野菜の栽培をスタートさせるときに使用します。より自然に近づけるには露地での育苗ですが、充分な生育期間をとりたいのでこの方法をとっています。古畳で枠をつくるのがよいのですが、わたしの場合は育苗用のビニールハウスの中にコンパネ（厚めの板）で枠をつくります。

大きさは育てる苗の数によります。三〇〇～四〇〇鉢で二・五m×一mです。通気をはかるためにコンパネにところどころ穴を空けています。その枠の中に冬の間に集めた落ち葉を米ぬかとサンドイッチ状に何層かに踏み込んでいきます。落ち葉にはしっかりと水を撒き浸み込ませます。最後にいちばん上に高さを揃えてふたをするように腐葉土をのせます。トンネル支柱を組んでビニールを張り、この中

米ぬかの上に、ふたたび落ち葉をのせる

踏み込み温床。落ち葉を積む

全体に腐葉土をのせ、平らにならす

落ち葉の上に米ぬかをのせる

に鉢を置いて育てます。日中は気温が上がり過ぎると苗が弱ったり徒長したりしますので、換気をして調節します。

この踏み込み温床は日中の気温を少し外気温よりも高くすることと、夜間気温が低くなり過ぎないなかで育苗する目的でおこなっています。わたしは専業で数多く育苗するのでこの方法をとっていますが、育苗する数が少なければ温床でなくても日が当たる家の廊下やベランダ、軒下などの暖かいところ、日だまりで育苗が可能です。

また、暖かい地方では、霜が降りなくなった頃、畑の一画で育苗することも可能です。現状では育苗にビニールを使用していますが、数年の使用期間で使えなくなるのでガラスを上手に利用することを考えています。

植えつけのポイント

植えつけの時期　それぞれの野菜の植えつけの目安は第2章に書きますが、育苗して野菜の姿を見ていると「もう大丈夫、畑に植えつけて」という姿、時期が見えてきます。遅くなると葉が黄変したり、葉の元気がなくなってきます。畑に植えつければまた元気になってきますが、できるだけ機を逃さない、ときを間違えないようにおこなうことが、すみやかに根付くことになります。

機を逃さない、ときを間違えないことは、すべての作業にも通じます。植えつけする畑には、すでにたくさんのいのちが生活しています。植えつけはそのいのちのなかに野菜を仲間入りさせることでもあり、幼少期に集団で育っていたところからの一人立ちでもあります。

トンネル支柱を組み、ビニールを張る

植えつけの場所の手入れ　植えつけるところの草を刈り、穴をあけ、そこに植えつけします。植えつけたら株元に刈った草を戻します。刈り取る草はできるだけ最小限の面積にして環境を大きく変えないようにスムーズに仲間入りさせますが、草の種類によっては植えつけるところ全面の草を刈る場合もあります。

野菜によっては、植えつけして、いったんしおれた状態になったり、生長が止まったように見えますが、根がしっかりと畑に張り、根付いて活着すれば元気に生長し始めます。始めた当初は植えつけるときに灌水していましたが、すぐにおこなわなくなりました。

わたしの経験では、適度な湿り気が保たれた畑では、よほどの乾燥状態ではない限り必要ないと思いますが、灌水してはいけないわけではありませんので、見ていて必要と思われたときにはしっかりとおこなってください。

草への対処の基本

草の姿と畑の状態を読みとる

草への対処法　一般的に農業は草を取り除くことから始まりますが、自然農は草を生やすことから始まります。また、草を生やす草生栽培の多くは、みずからの栽培に都合がよいと思われている特定の草を選択して生やすことをします。自然農は、草の性質によって応じ方は異なりますが、基本的に草を選ばず生えてきた草の中で草とともに栽培します。

草自体に良い悪いはなく、由あって存在し、その草の姿、種類がそのときの畑の状態を物語っています。つくり手が草を選別するのではなく、その状態を表している草々を読みとって、そこで育てる作物を選び、手を貸していきます。自然農にとって草はとても大切なもので、草とのつきあい方はとても重要です。

農業は草との闘いとも言われ、畑に生える草は目の敵《かたき》とされ、畑の中に草が存在することは許されず、また草のある畑は怠け者の証しとも言われました。旺盛な草の生命力は脅威とも感じられますが、草は栽培にとって害を与えるものではなく、作物が育つ養分を奪ってしまうものでもありません。

土を豊かにする草　草は土を養い豊かにします。一般的な畑では草が生えてくると作物に与えた肥料が草に取られてしまうという敵対、対立の関係を栽培のあり方で創り出しています。自然界では肥料を与えなくてもたくさんの植物が共生しています。自然農の畑も肥料を施していませんが、草も作物もともに育っています。

肥料がいのちを育てるのではなく、草をはじめ過去のいのちの積み重なりが次のいのちの糧《かて》となり、育つ舞台になっています。草は空中と地中をつなぎ、たくさんのものを空中、地中から集め、太陽の恵みから創り出す、増やす営みをしています。草とともにいのちも増えていきます。

したがって作物とともにいかに多くの草を育てることができるかが畑の肥沃化、地力の維持、回復につながります。そして草の根は、人が耕すことをしなくても土を柔らかくしてくれます。畑が草に覆われていることで地表が守られ、はかり知れないいのちの活動の場となり、光、水、風など環境の変化をゆるやかにしてくれます。

自然農の畑では草も、そしてそこで生活する虫、動物、菌類等々、作物が育つために欠かすことのできない存在であり、つながりのなかで一体の営みをしています。それぞれがそのいのちを生きることが他のいのちを生かし、作物もそのつながりのなかで育ちます。

ただ、栽培としては作物を育て、実りをいただくことが目的です。草は畑になくてはならないものですが、作物との関係で作物がとくに幼いとき、負けてしまいそうなとき、風通し、日当たりをよくしたいとき、そのような場面で草を倒したり、刈ったり一時的に草の勢いを抑え、少しの間、草に待ってもらうのが自然農での草とのつきあい方と言えると思います。あくまでも一時的、少しの間です。

ネギ畑の草を刈り、草の勢いを抑える

作物と草とのバランス関係　少しだけ手を貸して作物と草との関係、バランスをとります。草を刈った場合は、畑の外に持ち出さず燃やしたりせず、刈ったその場に置き、土に還し、他のいのちに巡らせます。作物から離れている草はそのまま刈らずにいのちをまっとうさせます。
自然農の畑ではたくさん落ちた種の中からそのと

収穫後のダイコン畑。イヌタデ、エノコログサ、ワラビなどが生えている

きの畑の状態に合ったものがまた生育してきます。畑の中にいろいろな種が存在したほうが畑は環境変化への対応力、適応力を増します。そして充分に生育し、まっとうした草々は地中の浅いところ、深いところに根を張り巡らせ、土を柔らかくし、最後にその亡骸《なきがら》は地表を覆い次のいのちの糧になります。

草の刈り方、手の入れ方

具体的に畑で作物との関係で草をどうするか、また、刈る場合のその刈り方ですが、作物が幼いとき、草に負けてしまいそうなときに、小さい草は手で抜くこともありますが、基本的には作物の周囲の草を地際で刈ります。また、梅雨から夏にかけて風通しが悪くむれてしまうようなときに、風通しをよくするために草を刈ります。

この場合、一度に全面刈るのではなく、条間一列おきにするなどして刈るところ残すところを決め、環境を急激に変えないように工夫します。夏に地を這うように生育していく作物や背丈の低い作物は、草に埋もれてしまわないように草に対処します。

草が旺盛に生育しているときは刈って草の生長を抑えますが、もう種をつけ、一生の終わりに近づいているときは、刈らずに倒すだけでよい場合もあります。

どのタイミングで草を刈ったらよいかですが、草には生長の早いもの、遅いもの、横に育つもの、上に育つもの、蔓《つる》性のもの、根元で刈れば枯れてしまう一年草、刈っても根が生きていてすぐ生長を始める宿根性の多年草、それぞれの草に特徴、性質があります。野菜も同じでそれぞれに特徴、性質があります。

畑で展開される野菜と草との関係、その組み合わせは数限りなくあります。草に埋もれているように見える野菜でも、そばにある草が横に育つ性質で、野菜が上に育つ性質のものであれば草を抑えなくてよい場合があります。草の生長の過程、あるいは季節や天候によって対応が異なり、その状況、組み合わせが数限りなくあるので、どうなったらどうするというのは、その場に立って判断し応じることになります。やはり草に対しても何㎝になったら刈るというような決まったかたちがあって、それに合わせて作業するものではありません。

耕さない畑と耕す畑では、生えてくる草の種類も変遷も異なります。また、耕さない自然農の畑でも育てる作物、草の刈り方によって様子は異なってきます。草を刈らずにいれば、それぞれの草ごとにいのちをまっとうし、ゆっくりと草が交代していきますし、草を刈ればいっせいに草が交代し、分解もいっせいに始まります。このような手の入れ方による変化も観察してください。

栽培を続け、草の元気がなくなってくるように感じたら、作付けを少し休んで草が繁るままにして、草の力を借りて畑を回復させてあげてください。

また、ときどき畑に寝ころんで草や野菜、虫、動物の視点から畑を眺めると新たな発見があると思います。

間引き、支柱立て、水やりなどの作業

種を降ろし収穫するまでの間に、作物によって間引きや支柱立て、摘芯《てきしん》、整枝、灌水、土寄せなどの作業があります。

間引きのポイント

種を降ろすときには種を多めにまいて、幼いときには集団の中で少し密の状態で育て、生長に合わせて元気なものを残していきます。育つのに適した距離、密度を人為的に保ちながら共倒れしないように元気なものを残していくこの作業を間引きと呼びます。自然界では人為のないなかで自然に間引きがおこなわれ、元気なもの、適したものが残っている姿を見ることができますが、栽培の中では種を降ろしたものが収穫に結びつくように人の手によっておこないます。

間引きの時期　幼いときには同じ種類の作物が群れて育っていたほうが草や虫に負けることなく、同じ種《しゅ》の作物同士が支えあい、助けあい、競いあってよく育ちます。生長とともにひとつひとつが大きくなっていきますので、混み合ったところやひょろひょろと徒長してしまったものから徐々に間引いていき、最終的にその作物に合った株間に一株としてひとり立ちさせ、収穫を迎えるようにします。

すじまきするニンジンなら最終株間が五〜一〇cm、ダイコンなら三〇〜八〇cm、カブなら五〜一〇cmに一株という具合です。点まきで巣まき（鳥の巣のように一点に多めにまく）したものは、その場所ごとに徐々におこない、作物によって一株から数株元気なものを残す要領です。見ていて窮屈そうに感じたら間引きの時期ですが、作物によって早めがよいものとゆっくりおこなうのがよいものがあります。

また、作物、目的によって大きくなったものから

ニンジンの間引き作業

ニンジンの生育

間引く場合と小さいものを間引く場合があります。

早過ぎると株間が広がって空間、すき間ができ、草に負けてしまったり、遅過ぎるとトウ立ちしてしまったり共倒れになることもあります。いきなり一度におこなわないで最初は葉が重なるように、そしてそのあと葉と葉が触れあう程度の距離を保ちながら何度かに分けておこないます。その作物に合った種降ろしをていねいにおこなうことが上手に間引きをすることにつながり、また、降ろした種がすべて発芽するとは限りませんので、発芽したあとの調節が間引き作業でもあります。

間引きのコツ　間引きの仕方は、株ごと根から抜く場合と、根元を鋏で切って根は残す場合があります。根ごと抜くものは主根がすっと地中に伸びる根菜類で、ダイコン、ニンジン、ゴボウ、カブなどです。

その他のものは横にも根が張り根ごと引き抜くと周囲の生育中のものの根を引っ張ったり、根を傷《いた》めることがあるため、鋏で根元を切ります。切った地上部は、その場所に置きます。地中に残った根も切った地上部も両方とも土に還り他のいのちの糧となりますが、果菜類、豆類を除いて多くのものは、間引き菜として食べることができます。生育旺盛な時期の間引き菜は若々しく元気です。若々しい間引き菜から完熟した最後の収穫に至るまで生長とともに形を変えながら長期にわたりわたしたちの食卓にのぼり、身体を支えてくれます。生長の経過を目と口で味わうことができ、なかなか店頭に並ぶことのない間引き菜は、みずから栽培することで得られる貴重なものです。畑と食卓のつながりが密接になり、食生活がとても豊かなものになります。

ブロッコリー、キャベツ、カリフラワー、サニーレタスなどは、間引きの際に根を傷めないように掘り上げれば移植も可能です。

支柱立ての作業

支柱の高さ　上に上に伸びて生長していく作物の性質に合わせて、支柱を立てる作業があります。合掌式、直立式、四隅に立て作物を囲うなど、高さは一mくらいから三mくらいまでと作物に合わせて立てます。わたしの場合、竹が手に入りやすいこともあり、支柱の材料には竹を主に使用しています。

伐り出して数年は使用できます。春になる前の新月のときに伐り出すと水を吸い上げていないので持ちがよいと言われていて、できれば冬の間に用意します。使用していないときは雨に濡れないようにしておきますが、保管するスペースがなければ寝かさずに立てかけておくようにします。

キュウリや一部の豆類のように蔓が伸び巻きひげ

竹を支柱として確保

サヤインゲンの支柱

サヤインゲンの支柱立て（合掌式）

でつかまりながら生長するものは、つかまりやすいように麻紐やネット、笹、わらなどを竹と組み合わせます。他の作物は、麻紐でところどころ支柱に結わいていきます。誘引することもありますが、できるだけ作物が伸びたいように、それに添うようにしていきます。

支柱立ての時期　支柱を立てる時期は作物が行き先に困らないように、倒れないように、作物の生長に遅れないように先手先手で早めにおこないます。また、とくに生育途中に台風シーズンを迎えるもの、風が強い地域の場合は、途中で倒れることのないように筋交いを入れるなど、しっかりしたものを立てます。

腋芽かきと水やり、土寄せ

腋芽かき　作物によっては摘芯、整枝という作業がありますが、多くは花の数を増やし果実の収穫を増やすことを目的にしています。わたしがおこなっているのは、トマトとジャガイモの腋芽《わきめ》かきだけで、それ以外の作物にはとくにおこなっていません。

トマトにおこなっている腋芽（枝の途中にできる芽で、側芽《そくが》ともいう）を掻いて枝を整えるのは、収量を多くすることよりも繁茂しすぎて日当たり、風通しが悪くなり、病気になるのを防ぐことを主な目的としておこなっています。ジャガイモは種芋から芽を多く出し、茎葉が多くなると芋の数が多くなり、芋が大きく育たないので、二本ないし三本に種芋からの芽かきをおこないます。

水やり　水やりに関しては鉢で育苗している間はおこなっていますが、それ以外では数ヶ月雨がなかった干魃の年に作物が枯れないように数回だけおこなったことがあります。山間地で水利が容易に得られないこともありますが、作物の生育に日常的にはおこなっていません。

土が裸にならず、保水力もある自然農の畑では適度な湿り気が保たれているので、発芽に関しても植えつけに関しても水やりを必要とするのは、ごくごく稀です。わたしの場合は天からの恵みにまかせています。ピンポイントで水やりをおこなうと、その場所にミミズが集中してモグラを呼んで根を切られてしまったり作物が水を欲しがる体質になったりするので、水やりをおこなうときはそうならないような工夫をしてください。

土寄せ　農業にとって基本的な技術のひとつである土寄せですが、これは土を動かし、株元に寄せることで倒伏を防ぎ、生長をうながし、通気をはかり、草の生育を抑える、収量を上げるなどを目的としておこなうものです。自然農でも必要に応じておこないますが、わたしは土寄せの代わりに株回りに草を寄せたり、深植えなどをおこなったりしています。

作業のひとつひとつをおこなうことが、これをすることが作物が健康に元気に育つことになるのかどうか、作物にとって必要なことなのか余計なことなのか、過剰にならず不足にならないように見きわめをしながら必要な手助けをしていきます。作業は繰り返しおこなうことで身につき、的確におこなうことができるようになっていきます。

収穫のポイント

畑の準備、種降ろしに始まり、早い作物で数ヶ月、遅い作物でも一年ほどの時間で野菜は体づくりを終え、収穫のときを迎えます。収穫に至るまでの作業のひとつひとつが喜びを伴ったものですが無事に収穫できたときはさらなる喜びのときで、続けていく力になります。

今までの作業、時間はここに結びつき「結果」という言葉を実感します。作物とともに生育のときを過ごし、手助けしてその姿を見てくると「穫る」というよりも自然から実り、恵みをいただく、受け取るという心境にもなります。自然の営みに添う、作物のいのちにまかせるところに立っての自然農は、よりその気持ちが強くなると思います。

生育段階に応じた収穫

収穫の「とき」は多くの葉物に関しては生育途中の間引き収穫に始まり、生長した葉物としての収穫、そして最後の蕾の収穫に至るまで姿形を変えながらそれぞれの生育段階での収穫です。根菜も間引き収穫から生長した収穫まで、豆類に関しては若莢のものから完熟した豆に至るまで、果菜類、芋類は実った果実、芋をいただくことが収穫となります。

生育し実った順に徐々に収穫するもの、ジャガイモ、サツマイモ、タマネギのように一時《いちどき》にいっせいに収穫し貯蔵して利用するもの、サトイモ、ショウガ、ゴボウ、ダイコン、ニンジンなどのように収穫期を迎えたら畑でそのままにして必要な分ずつ段階的に収穫するもの、作物によってさまざまな収穫の迎え方があります。

収穫を徐々にするものは穫れ始めの「はしり」、盛んに実る「盛り」、終わりに近づく「名残」の様子となります。一度に収穫して貯蔵しておくもの、畑で徐々に収穫するものは水太り、肥料太りせず、腐りにくいことは自然農の特長のひとつです。

耕して肥料を施して育てる栽培と違って、たくさんのいのちのなかで育つ自然農での栽培は、根を張る初期生育がゆっくりで、収穫までの生育期間は長くなります。そして実ったものを徐々にいただく作物の場合は、その収穫期間が長くなります。それは作物の一生の時間、寿命が長いということでもありますが、その時間が作物が健康に育つために必要な本来の「時間」であるのだと思います。

自然農は耕して肥料を施して均一な環境をつくっての栽培ではありませんので、姿、形、生育にその場所の個性がより現れ、同じものを育てる規格生産を目的としたものとは違ってきます。また、とくに自家採種した固定種、在来種はばらつきがあることが個性であり強みで、同じ種類の野菜でも個体間で姿、形、生育期間、収穫期間に幅が出てきます。一様でないことは、とらえ方によっては欠点になりますが、環境変化への対応、種の保存にとって、そして自給を目的とした場合などは、とくに長期間食べることができ大きな利点となります。

収穫する時間帯

もうひとつの収穫の「とき」、収穫を迎えた作物を一日のなかでどの時間帯に収穫するかですが、ナス、トマトなどは朝に、他の果菜類は夕方に、葉物類は日中に、ダイコン、ニンジンなどの根菜類は朝の葉の乾いた頃に、ジャガイモ、サツマイモ、タマネギなどは数日晴天が続いた日中が適しているようです。サツマイモ、カボチャは収穫して少し時間をおくことで甘味が増してきますが、他の多くの野菜は収穫したら鮮度のよいうちにできるだけ調理をしておいしさを味わってください。第2章のそれぞれの野菜の項目に収穫適期を書きますので、適期をのがすことなくおいしく実りをいただいてください。

自然農の畑では、芋や根菜などを収穫しても土がこびりつくようなことは少なく、手でさっと払うだけで土はかなり落とせますし、ゴボウ、サトイモなども水洗いが楽にできます。畑は草に覆われているので薬物を収穫しても土のはね返りがなく、さっと洗うだけで調理ができます。

収穫を終えた作物への対処

収穫を終えた作物は採種できるものは採種して、その場でいのちをまっとうさせ、土に還るようにします。根ごと引き抜いて片づける必要はなく、その場所で次の作付けの邪魔にならなければそのままにするか、または倒し、次の作付けに支障があれば地上部を刈り、脇に寝かせます。また、生育途中で病気になってしまったり枯れた場合も同じように扱います。

始めた当初、病気になってしまった作物は他に伝染しないように畑の外に持ち出したり、焼却したほうがよいのかと思いましたが、周囲のものが健康に育っていればまわりに病気が伝染することはありませんし、土に還っていくなかで浄化、解消されていきます。種を採ることを除き、草と同じように扱います。病気は必要あって起きています。また病気が出ても時間の経過とともに復活するものもありますので様子を見てください。

収穫を目指し、ひとつひとつの作業、手助けをしていきますが、生育途中では何が起きるかわかりません。収穫に至らないで終わることもあります。畑に行って何度も途方に暮れたことがあります。がっかりで残念なことですが、確実に畑は豊かになり、自《お》ずからのうちに実りがあり、養われています。収穫したい続けたいという気持ちから智恵が働き、さらなる工夫が生み出されます。ぜひ、次の作付けに気持ちを切り替えて実りを享受できるように取り組んでください。

いのちみずからの畑での恵みはどんなものでもおいしいと思いますが、自然農の作物の味は、自然の営みを糧にした片寄りのない、本来、作物が持っている味に近いのだろうと思います。人が余計なことをすればするほど、本来のところからはずれていきます。ぜひ、みずからの畑でその味を堪能してください。

虫、鳥、獣類による食害への対処

野菜などの食害については、大きく分けて①虫によるもの、②鳥によるもの、③獣類《けもの》によるものがあります。

虫による食害

①の虫によるものについては対症療法的に一時的に捕殺したり、ネットなどで防がざるを得ない場合もありますが、無理な作付けをしないこと、虫に食べられない、また食べられても回復できる健康な野菜を育てるようにすること、片寄りなくたくさんのいのちが生息できる畑の環境を維持するように心がけることが大切です。

自然は常に調和をとる方向に動き、バランスをとっています。畑の中にたくさんのいのちが生息できるような環境をつくり、人が草を刈るなど手を入れるときは、できるだけいのちの営みの邪魔をしない、調和を乱さないように配慮することが必要です。虫は虫に、畑に生息するいのちにまかせることが基本になり、自ずと答えを出してくれます。

虫による食害については、そうなったときには健康に育っていない作物、畑の状態に起こる現象であり、わたしの手の貸し方の間違いで起きていることですので、育てる野菜の選択、品種選びに始まり、農作業のひとつひとつをチェックしてみます。そうすることで、次に同じことを繰り返さずにすむようにします。農業から見れば虫による食害は困ったことですが、自然界から見れば最善の展開です。問題を招く招かないは、こちらのあり方次第です。

鳥による食害

②の鳥による食害については地域や野菜の種類によって異なると思いますが、山間地のわたしの畑で

採種用のトウモロコシに袋をかぶせる

サツマイモ畑のバードパンチャー

鳥よけ、ウサギよけに張った防護ネット

は、とくに青菜が少なくなる冬から春にかけてヒヨドリなどの鳥が群れになって葉物類を食べることがあります。また、夏の時期はトマトがつつかれたり、果樹のビワ、ハッサク、甘夏などがつつかれたりすることがあります。よく豆類をまくと種を食べられてしまうということを聞いたりしますが、わたしはあまり経験がありません。とくにハト、カラスが多い地域でのことかもしれませんが、まわりに草がある中に種を降ろし、覆土して刈った草をかけているので目立たないためかもしれません。

防ぐ手立てとしては作物の近くに釣り糸（てぐす）や鳥よけのキラキラ光るテープ、紐などを張ることが簡単な方法です。遠くから見て目立つことも効果的ですが、近くに来て初めてわかるような糸を張ることも効果的です。群れで来てしまうときは、防鳥網をかけて作物全体を覆うようにします。また、音が鳴るもので一時的に作物を守る方法もあります。

作物を食べられてしまうとがっかりしますが、鳥が来ること、運んでくるもので畑は豊かになり、鳥が虫を食べるなど畑の調和をとってくれていることも多く、鳥の働きは計り知れません。したがって鳥に関して防ぐのは、来ることを拒むのではなく、あくまでも一時的、部分的に対処します。

獣類による食害

③の獣類によるものでは、近年、各地でイノシシ、サル、シカ、クマによる食害が増えています。わたしの畑ではサル、クマの被害はありませんが、イノシシ、シカ、アナグマ、ハクビシン、ウサギは日常的です。

イノシシ　イノシシに関しては、二〇〇〇年頃までは年によって秋にサツマイモを食べられてしまう程度の被害で、その際には残りのサツマイモを早く掘り上げてしまうことで被害を最小にしていました。それでも収穫直前のものを食べられてしまったときのショックは大きいものがありました。

その頃はイノシシは一時的に山を降り（と言ってもわたしの畑は山の中ですが）、また、山深く戻っていく行動パターンのようで、日常的に見かけることはありませんでした。それ以降、耕作放棄地が増え始め、山の手入れも行き届かず、イノシシは畑の近くに定住し行動するようになり、このことが被害が日常的になったことの背景と考えられます。狩猟者が減り、人を恐れなくなったこと、野犬が減ったことも大きな要因と考えられます。身近で豊富な食料が得られることで数は増える方向にあります。

サツマイモだけだったものが春のタケノコに始まりジャガイモ、カボチャ、トウモロコシ、クリ、サツマイモ、サトイモと一年をとおして食べるものの種類が増えていきました。また実った野菜を食べてしまうだけでなく、ミミズやクズの根、ユリの根などを食べるため畑全面が掘り返されてしまい、今まで積み重なったいのちの営みの層が壊され、畑が原形を留めず、作付けを休まざるを得ない状態になってきました。

いのちの営みの積み重なりの上に次のいのちが育つ、耕すことのない自然農にとっては回復に数年がかかり大きな痛手です。畑は山の中五ヶ所に点在していますので、最初はそれぞれの畑の至るところに鈴をつけ、夜は畑を見回りながらラジオをつけ、爆竹と蚊取り線香を組み合わせて「音」で防ぐこと、そしてイノシシの通り道にＬＥＤの点滅ライトをつけ「光」で防ぐこと、加えて捕まえたイノシシの内臓を畑の周囲に置き、蚊取り線香、芳香剤、人の髪の毛など「臭い」で防ぐことを試みました。音、光、臭いの工夫をしましたが、どれも効果が一時的ですぐ慣れてしまい、繰り返し畑に侵入される日々となりました。侵入を防ぐためにトタンとネットで

波板トタンなどで防護柵をつくる

檻で捕獲したイノシシ

まずは作物のまわりを囲い、それでも破られてしまったときには畑にテントを張り、長いときには一ヶ月以上寝泊りをするようになりましたが、広い畑全部を守りきることはできませんでした。

動物に関してはわたしの畑だけで根本的に解決することのできない自然界の大調和のなかでの出来事であり、由あってのことです。地球も畑も人間だけのものではないことを思い知らされます。しかしながら、この場所で自然農を続け生活していくためには畑を守る必要があります。

考えた末に二〇〇六年に畑全体を柵で囲うことに決めました。全体を囲うとなると段々畑五ヶ所で一㎞以上の長さになり労力、経費もかかるため、廃トタン、コンパネをいただいて静岡で自然農を実践している方々の助けを借りながら柵をつくって畑全体を囲いました。

高低差のある不規則で複雑な形の段々畑ですので、電気柵は適さず、柵の材料にはトタン、コンパネ、ワイヤーメッシュ、金網、ネットを、柵を支える杭には鉄パイプ、竹を、畑の状況によって組み合

わせてつくりました。柵の完成後は、だいぶ被害を減らすことができました。

それでも柵の下の土を掘り返してもぐりこんだり、跳び越えたり柵を押し曲げて侵入する生命力があります。その都度その場所は補強し、最近はカセットボンベを利用して爆発音を鳴らす「バードパンチャー」という機械を利用するなどして防いでいます。イノシシに対して守りの姿勢だけでなく向かいあって何としても畑を守る根負けしない、スキを見せない気持ちで臨み、智恵を巡らすことが必要であると思います。わたしも「わな狩猟免許」を取得し、猟期には畑の近くに檻を仕掛けますが、捕獲したものはそのいのちをいただいて食べます。

シカ　シカの場合は畑で豆や葉物、タマネギ、柑橘類の葉などを食べられてしまいます。腰ぐらいの高さの柵は簡単に飛び越えてしまいますので、背丈より高いネットを張って防ぐようにしています。

アナグマ　アナグマは直接作物を食べてしまうことは少ないのですが、種を降ろしたところ、草を刈ったところを掘り返してしまい、作物を育てることができなくなってしまうため、アナグマが出るところは作物の根が張れるまで周囲を防鳥網などのネットで囲って防いでいます。

ハクビシンとウサギ　ハクビシンはトマトを、ウサギはトウモロコシ、豆類、青菜などを食べ、そのときも作物のまわりをネットで囲って防いでいます。それでも防ぎきれないときは捕獲します。

動物に対しては動物でという考え方から、犬を飼って畑、作物を守ってもらうことも有効な方法です。動物は食べ物を見つければ食べます。盗んでいるわけではありません。「ここはだめ」ということを示して棲み分けることが必要です。

数年前には、地域ぐるみで山と畑の境界に一〇㎞近くの長さにわたって電気柵の設置をしました。動物を巡っては、先人たちも智恵と工夫を重ねてきた長い歴史があります。個人で社会でそれぞれ取り組む工夫が必要です。

自家採種と保存

自家採種は固定種の種で

多くの野菜は栽培化され、原産地を離れ、長い旅を経て、さまざまな時代に日本にやってきました。そして栽培を繰り返すなかでその土地に馴染んでおいしくたくましく育ったものが固定され、各地で固定種、在来種となって今に根付いています。

最近の育種によるF_1交配種は味や収量、均一な生育、生産効率、病虫害対策などある特定の目的をもって交配、改良した雑種一代目。雑種第二世代は一代目と同じ特徴をもった作物には育ちにくくなっています。自家採種していくことは、ある特定の目的だけに納まるものではなく、時間をかけて土地、気候風土に合うものの選抜、定着です。そして自然農での自家採種は、それに加えて自然農という栽培の仕方にも合う選抜、定着です。

毎年新たにわたしの元へやってきて定着していくものもあれば、種苗交換などをとおしてわたしの元からまた旅立っていく種もあります。特定の目的、狭い見方に捉われることなく縁あってやってきた種、とりわけ固定種、在来種の種を育ててオリジナルな採種を試みてください。

種子繁殖と栄養繁殖

作物は種子で次の栽培に入るものと、栄養体（体の一部）で入るものがあります。種子繁殖と栄養繁殖です。多くのものは種を採って次の栽培をしますが、ジャガイモ、サトイモ、サツマイモ、ショウガなどの芋類、根菜類、ニンニク、ネギ、ラッキョウなどのネギ類そしてイチゴなどはその一部（栄養体）を種芋として、また、株分けをして次の栽培に入ります。

　種子繁殖での採種でその作物の性質を維持するためには、開花時期に類似種と交雑しないように注意します。同じ科目同士、とくにアブラナ科やイネ科のトウモロコシ、ウリ科のものは、開花時期に網をかけたり離して栽培します。栄養繁殖での採種は病気にかかっていないものを選ぶことが必要です。

　そして、どちらの場合も採種して次の栽培までの間に、傷みやカビを発生させずに発芽することができるように貯蔵に気をつけます。

　採種の仕方はその時期で二つに大きく分かれ、収穫、食べどきがそのまま採種時期のものと、食べどきを通り越して畑で完熟させて採種する場合とがあります。前者はサトイモ、ジャガイモ、サツマイモなどの芋類、トマト、カボチャ、スイカなどの果菜類の一部で、それ以外の果菜類、豆類、葉物類、根菜類は後者になります。

　生育している段階である程度、採種する株、果実に目星をつけておきます。根菜類で厳選する場合は母本《ぼほん》選抜（品種改良や採種のため、その品種の特性を示す株を親株として選び出すこと）して形の気に

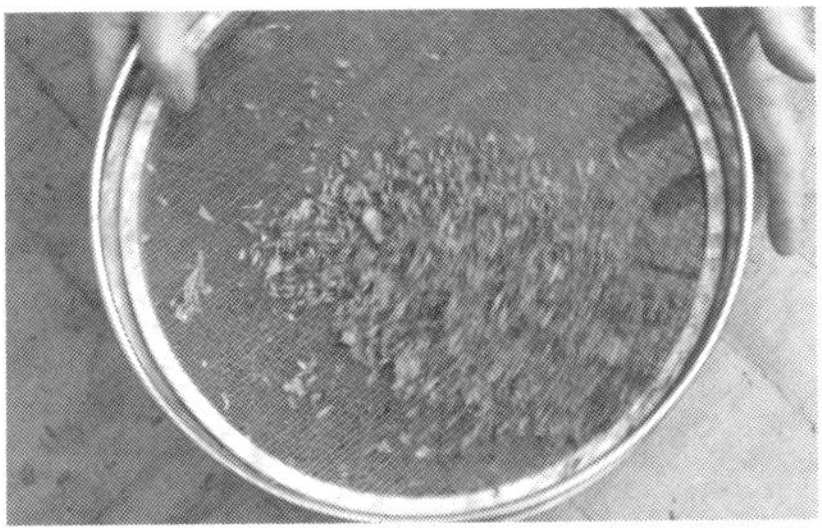
ゴボウの実をふるいにかける

ゴボウの種

ダイコンの鞘を割り、種を取り出す

ダイコンの種（桜島）

入ったものを親株として選び、植え替えして採種します。

採種と保存のポイント

採種した種は取り出してから必要に応じて水洗いし、日なたで干し、さらに陰干ししてよく乾かし、ビンや缶に入れて名前、採種年を記し、温度変化の少ない冷暗所に置いて保存します。または紙袋に入れ冷蔵庫で保管します。サトイモ、ショウガなどは土の中で保管します。とくに保存温度ではサツマイモ、ショウガは五℃以下の低温にならないように気をつけます。

完熟した採種用地這いキュウリ

ジャガイモの種芋

種には作物の種類によって発芽率の高いもの、低いもの、発芽寿命の長いもの、短いものがあります。シュンギクなどは発芽率が低く、ネギ、タマネギ、シソ、ニンジンなどは発芽寿命が一年と短い種類です。他の野菜の種は、保存状態がよければ二〜三年、長いものでは五〜六年はもつようです。

採種は遺伝資源を守ることであり、人のいのちを支え、人とともにあるいのちの伝承で大切な作業です。人と作物も生かし生かされ、守り守られ、支え支えられる共生の関係です。手間とエネルギーを必要としますが、できるだけ毎年採ることを心がけて採れなかったときのために数年間保存をしっかりしておくと安心です。近年流通される種は交配種が多くなっています。手元にやってきた固定種、在来種はできるだけ採種を試みてください。また交配種も採種を続けることで固定されますので楽しみながら採種を試みてください。

野菜の出荷販売

つくり手と食べる方が支え合う

自給を目的とする自然農であれば、自分と畑の関係のなかでみずからの自然農が形づくられますが、自給を越えて農産物の販売を目的とする自然農であれば、自分と畑、そして食べる方まで含めたつながりのある関係のなかで自然農が形づくられていきます。

出荷販売を目的としておこなう農業は、つくり手である生産者、農家と食べる方の縁、理解があって成り立ちます。つくり手は食べ物をとおして食べる方のいのちを支え、食べる方はつくり手が農業を続けられる生活を支える関係です。

お互いが相手を生かし、支えることで、みずからも生かされ、支えられる関係です。作物が育てられることと同時に、このいのちのつながりの関係が築けるかどうかが農業として成り立つかどうかにかかってきます。自然農という栽培で経営が成り立つような流通関係をつくれるかどうかです。

宅配便と店舗への出荷販売

手探りの出荷販売　わたしの出荷販売は、自然農を始めて三年目に一軒のお宅とレストランに出荷したことから始まります。レストランは地元だったので直接届け、個人のお宅には県内だったのですが距離が離れていたため、宅配便を利用しての出荷でした。レストランは注文で、個人はおまかせセット野菜で、価格設定も届け方も手探りで始まりました。

生産量の増加とともに、自然農の農産物を必要としてくださる方がいるのではないかとさまざまな機会を生かして探し、また、紹介してくださる方の協力で少しずつ届ける軒数は増えていきました。ただ

ミニトマト（ブラジルミニ）

四葉キュウリ

技術が未熟で、生産する種類、量が安定しなかったため、毎回種類、量によって価格を計算する変動価格で収入も安定しませんでした。

数年経過した後、一年をとおして生産量が安定してきたこと、多品目の栽培で作物の単価設定もむずかしく、そうすることの意味も見出せなかったので全体で定額の価格に設定しました。わたしたち家族が農業、生活を続けられる金額を毎月平均して出荷できるセット数で割り出して価格を決めました。また、自然農の広がりとともに、お客さんのほうからわたしたちのことを探してたどり着いてくださるようにもなってきました。

三〇軒と三店舗への出荷販売　現在、定期的に三〇軒前後への宅配便による出荷と不定期で三店舗へ出荷販売をしています。店舗ではセットではなく単品で扱ってもらい、価格は店舗の方に決めてもらっています。出荷先、価格ともに紆余曲折しながら現在の出荷形態になりました。

変動はありますが、出荷先がほぼ固定で定期的に食べてくださっているので、売れる売れないに一喜一憂することなく、自然に添うなかで作物を健康に育てること、食べる方たちに喜んでいただけることを考えて農業に取り組むことができ、わたしたち家族の生活は、この方たちに大きく支えられています。

届ける間隔と内容　届ける間隔は毎週、隔週、月一回、お試し一回、届く日は月、水、土曜日の週三日、その中からそれぞれ選んでいただいています。

内容は、基本的にそのとき穫れたおまかせ畑まるごとセットで、毎回一〇種類前後の野菜と季節によって山菜、果物、また、ときどき梅干し、こんにゃ

おまかせセット（秋の収穫物を箱詰めに）

冬の収穫物を仕分け、箱詰めにする

く、味噌などの加工品が入ります。現在（二〇一〇年）は一箱送料込みで三五〇〇円（毎週）と四〇〇〇円（毎週以外）です。

利用客の要望と作付けの工夫　ここ数年はアトピー、アレルギーの方や化学物質過敏症の方が増え、食べられる野菜類が限られたり、梱包の仕方に制限があり、できるだけ個別の要望にお応えするようにしています。畑に合う作物を選ぶなかで自給を目的としていた頃は自分が食べたいものを基本的に作付けしていましたが、販売が始まってからは、わたしの好みに加えて、お客さんは何が食べたいか、必要としているのかを考えて作付けするようになり、作付けする種類が増え、栽培の仕方をより工夫するようになりました。

ただ、動物による食害が日常的で自然条件の制約のなかでのことなので、なかなか充分に満足していただけるわけではなく、その点はお客さんの理解に負うところが大きいことも事実です。お客さんのほとんどは都会で暮らしている方です。たくさんの食べ物があふれ、みずからの都合に合わせて食べ物が選べる環境に暮らしながらも、わたしが畑で自然に添うという同じところに立って食べてくださっていて、とてもありがたく思います。

いのちのつながりの輪を大きく

近くの方に食べていただければ輸送による環境への負荷も小さく、鮮度のよいものが届けられるのでよいのですが、わたしのところは山間地で消費地から離れ、また縁というのは距離にかかわらず生じます。現状では宅配便の力を借り、縁を生かすことができ、必要としてくださる方に届けることができています。

フリーマーケットでの直売

自然に添うという意識を持った方、自然農を理解してくださる方、販売してくれる店舗が増えたこと、宅配便が発達し、流通の仕方が個と個を短時間で直接結べるようになった時代背景が、わたしの農業としての自然農の成立の大きな要因です。

各地で農産物直売所も増えています。これから、それぞれのつくり手が縁のあった方との関係のなかでオリジナルな流通の仕方、いのちのつながりの輪をつくっていくことでしょう。自然農の農産物の広がりは新たな流通、生産者と消費者の関係づくりでもあります。

学習会などによる自然農の交流実践

妙なる畑の会見学会、合宿会の開催

自然農の学びの機会は、一九八八年、奈良の川口由一さんの田畑の見学会から始まりました。その一年後に、一年間をとおして二ヶ月に一度、年六回の一泊二日の合宿会がおこなわれ、妙なる畑の会見学会、合宿会として休むことなく現在も継続しておこなわれています。

一九九一年には赤目自然農塾が誕生し、のべ三〇〇〇人以上の方が学び、現在では全国各地に自然発生的に、また必要あって生じた四〇ヶ所以上の学びの場があります。十数年間にわたって川口さんが赤目だけでなく全国各地の学びの場に足を運び、直接指導されていましたが、各地で指導、お世話をする方が育つにつれて、それぞれの学びの場が自立した独自の運営をおこなうようになりました。学びの場が増えたことでより身近なところで自然農に触れることができる場所、機会が整ってきました。

また、一九九一年より年一回、全国各地を開催場所に妙なる畑の会全国実践者の会がおこなわれ、全国各地の実践者が一堂に会し、自然農の基本のところに立って一人一人のあり方、学びの場のあり方を語り合い、認識しあう場になっています。

さらに各地の学びの場で指導している方、お世話をしている方の学びの機会として二〇〇三年より全国実践者の会に合わせて指導者、世話係の学習会もおこなわれています。

一九九七年に完成した映画「自然農——川口由一の世界一九九五年の記録」は、各地での上映が一〇〇回を越え、今まで自然農に触れることがなかった方に、映像をとおして自然農を紹介する大きな機会になっています。

川口さん一人から始まった自然農が、多くの方々への広がりになっています。川口さん一人が教える立場に立っていましたが、川口さんに続く方々が実践を重ね、教わる、尋ねる立場から、教える、答える、導く立場になりその役目を果たすことで、さらに学びが深まり、成長し、その循環が自然農全体の成長、自然農実践者の層の厚さにつながっています。各地の学びの場所は自立した独自のもので個性があり、特色がありますが、自然に交流が起こり、個々別々の運営でありながら自然農を実践することを学ぶことにおいて、全体として大きなひとつの営み、働きをしています。

清沢塾と静岡自然農の会

わたしの住む静岡県には、清沢塾と静岡自然農の会の二つの学びの場があります。

清沢塾　静岡大学創立五〇周年を契機に誕生した清沢塾は、静岡市山間部の清沢地区で静岡大学元副学長で名誉教授の中井弘和先生が中心となり「自由に楽しく自主的に」をモットーに二〇〇〇年から大学の先生、学生、一般の方々がそれぞれの想い、目的をもって月一～二回の定例日を設け、自然農でお米を育てています。

食料を生産することに留まらず、研究の場として、地元小学生の農体験の場としてさまざまな働きをしています。また、放棄されていた棚田復活の貴重な実践例でもあり、棚田の修復とともに周辺の環境が整い始め、ホタルが乱舞するようになりました。自然農でお米が育つことのみならず、人がかかわることで豊かになる自然の実証は、地元の方々にも大きな刺激となっています。

静岡自然農の会　静岡自然農の会は、二〇〇三年に静岡でおこなわれた全国実践者の会の際の実行委員の発案で、継続した学びの機会を持ちたいという希望から発足しました。特定の場所を設けたものではなく、会員が実践している田畑を会場に年三回、うち一回は一泊二日の合宿会で、各回受け持つ会員が世話役となって学習会を企画し、持ち回りでおこなう学び合いを中心とした会です。合宿会のときは田畑での見学、実習の他、言葉による学び、座学の時間を多く設けるようにしています。人を集めようという働きかけはしていませんが、現在会員数は五〇名を越え、毎回二〇～五〇名の方が学習会に参加されています。

会員でも強制はなく、そのとき学びたい人が自由に参加し、会員に限らず関心のある方の参加も自由にしています。学習内容は自然農の基本に添ったものにし、みずからのあり方を認識できるよう心がけています。年数こそ違いますが、会員それぞれの実践が自然農の最前線に立ったユニークなもので、毎回いろいろな試みをしている田畑の見学がありです。貴重な経験談を聞かせていただき、大きな刺激を受け、参加者同士が経験の共有をしています。また、人が集うことで情報交換、種苗交換、交流の機会にもなっています。

多くの方が自然農を実践するようになって、多くの実践例が共有、蓄積されるにつれ、自然農の学びやすく取り組みやすい環境が整いつつあります。

川口さんの挨拶（自然農実践者の全国集会オープニング。清沢塾で）

多様な学びの場の出現

静岡の二つの学びの場を見ただけでも自然農を学ぶことにおいては共通したものですが、それぞれ実践の場と学び合いという異なる特色を持っています。また、全国には研修生として受け入れる学校形

全国集会の参加者が来園。記念の集合写真

式の農場、学びの場、自然農を体験できる宿泊施設などもあり、どういうかたちで学びたいかによって全国各地の学びの場を選ぶことができます。また、学びの場としてではなくても、実践者が個別に見学に応じている田畑も多くあります。

畑では、一人一人みずからが自然と向き合い、答えを出してすすまなければなりません。そのため、学びの場は答えを教えるだけでなく、みずからが答えを出してすすんでいけるように経験を共有し、ヒントを与える場です。みずから答えを出せるように育つ――そのためのお手伝い、手助けが学びの場の大きな役割でもあります。

川口さんの気づき、実践から名づけられ、いのちを宿した「自然農」ですが、自然農は誰のものでもなく一人一人の意識の変革と実践を基本に、起きる自然な交流、共鳴で、自ずと広がっていくものだろうと思います。

第2章

自然農の野菜・つくり方のポイント

分けつし、生育中の岩槻ネギ

果菜類

立ちキュウリ

素顔と栽培特性

キュウリはインド原産のウリ科の果菜で、一〇世紀に中国を経由して日本に渡ってきたと言われています。生産量は中国が一位で、トルコ、イランと続きます。トルコでは、ヨーグルトと合わせたジャジュクという料理があります。九五%が水分で食感、清涼感が楽しめる野菜です。日射、水分が充分でないと曲がりのものが多くなります。

キュウリの中でも上へ上へと伸びていく性質の立ちキュウリと、地を這って伸びていく性質の地這いキュウリがあります。また、春の節《ふし》成《な》りと夏の飛び成り（飛び節）のものに分かれます。節成りは親蔓に次々と実をつけ、飛び成りは子蔓に実をならせます。

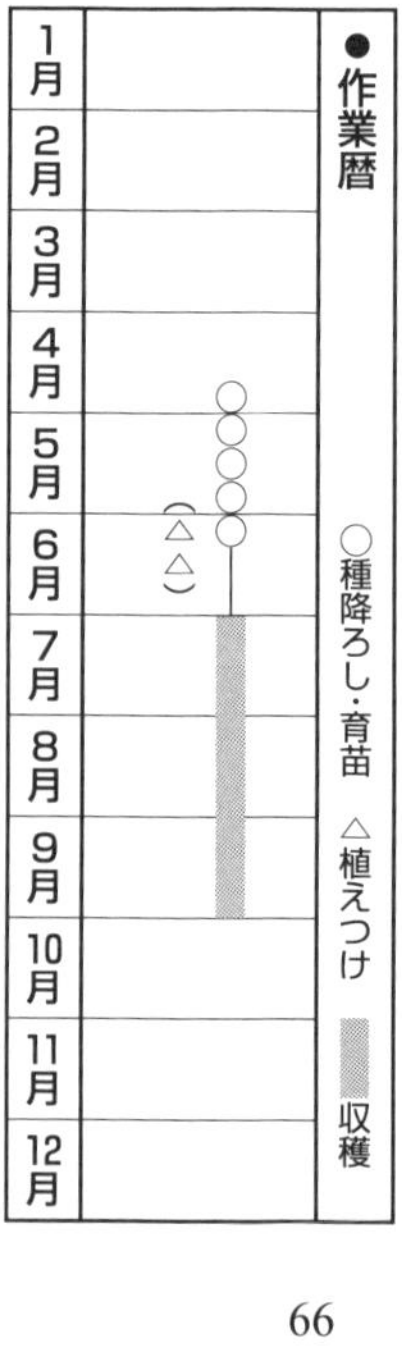

実がなり始めるとどんどん大きくなるので、一時に植えつけると食べきれないほどなってしまうことにもなります。自給用であれば適期内を充分生かし数回に分けて種降ろしをすれば長期にわたり、実りをいただけます。

わたしは春は立ちキュウリ、夏から秋にかけては台風のこともあり、地這いキュウリを育てています。一般的には摘芯をして収量を増やしますが、わたしは摘芯せず、そのまま育てています。

おすすめの品種

四葉《スーヨー》キュウリと上高地（自然農法国際研究開発センター）がおすすめです。四葉キュウリは、ニガウリに似て細長くイボが多いのが特徴です。多少採り

次から次へと実をつける上高地

収穫期の四葉キュウリ

遅れて肥大しても肉質も味も落ちず、おいしいです。歯ごたえが抜群です。上高地は交配種であるため、毎年種を購入しています。次から次へと実をつけ、病気もほとんど出ません。

一度育ててみたいのが、ブルーム（表皮についている白い果粉。土中から吸収した珪酸を蠟分《ろうぶん》に変えたもので、病虫害を防いだり、水をはじいたりする）つきで抜群の風味の相模半白《さがみはんじろ》（野口のタネ）という固定種です。また、各地に加賀太《かがぶと》、聖護院《しょうごいん》青長節成などの個性派の固定種が残されているので、手がけてみたいところです。

●育て方のポイント

種降ろし・苗床と育苗　四月になり、暖かくなってから種降ろしをします。直まき、育苗どちらでも大丈夫です。直まきの場合、株間五〇cm、条間一m、もしくはゆったり育てる場合は、条間二mとります。一ヶ所二～四粒種を降ろします。ポットで育苗する場合は、一鉢に一～二粒とします。

ウリハムシが多い畑では、ポット育苗にしてある程度の大きさになってから植えつけるか、新聞紙や紙袋などで行灯《あんどん》にして囲って守る方法もあります。スイカ、カボチャ、マクワウリなども同様です。

発芽　四月、五月に種を降ろすと六日から九日くらいで発芽します。大きな双葉がパッと開きます。キュウリもトマトも上へ上へと伸びる野菜は、発芽してからの生長が早いです。

間引き　直まきしたものは発芽して双葉が開き、本葉が出始める小さい頃に、ウリハムシに食べられてしまうことがあります。自然に間引きされてしまうこともありますので、様子を見ながら丈夫に育っているものを一ヶ所一株にします。

ポット育苗したものは、植えつけまでに一鉢一株にします。

直まきで発芽（上高地）

育苗中のキュウリ苗（上高地）

植えつけ　ポットで育苗したものは種を降ろし、約一ヶ月と少し、双葉が出て本葉一〜二枚になったら植えつけの時期になります。直まきと同様、株間五〇㎝、条間一ｍの二列、ゆったり育てる場合は株間五〇㎝、条間二ｍとします。

支柱立て　遅くても蔓が伸び始めるまでに支柱を立てておきますが、わたしは種を降ろす前にあらかじめ支柱を立て、キュウリネットを張っておきます。支柱は三ｍくらいの長さのものを合掌式にしています。キュウリネット以外では、麻紐や竹を利用して誘引します。

生長　わたしはとくに摘芯せず、そのまま伸びるにまかせて育てています。ウドンコ病は終わりに近づき、老化した頃出ることがありますが、元気に育っている時期は出たとしても広がることはないようです。繁り過ぎにならないように気をつけます。

立ちキュウリのつくり方

収穫

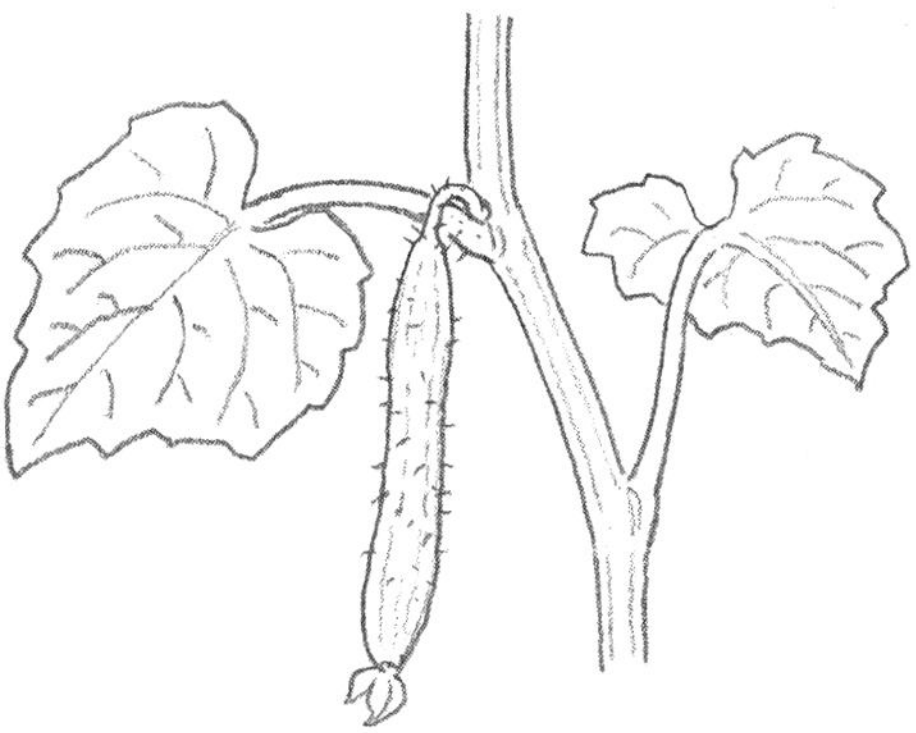

あまり肥大しないうちに鋏で収穫します

種降ろし

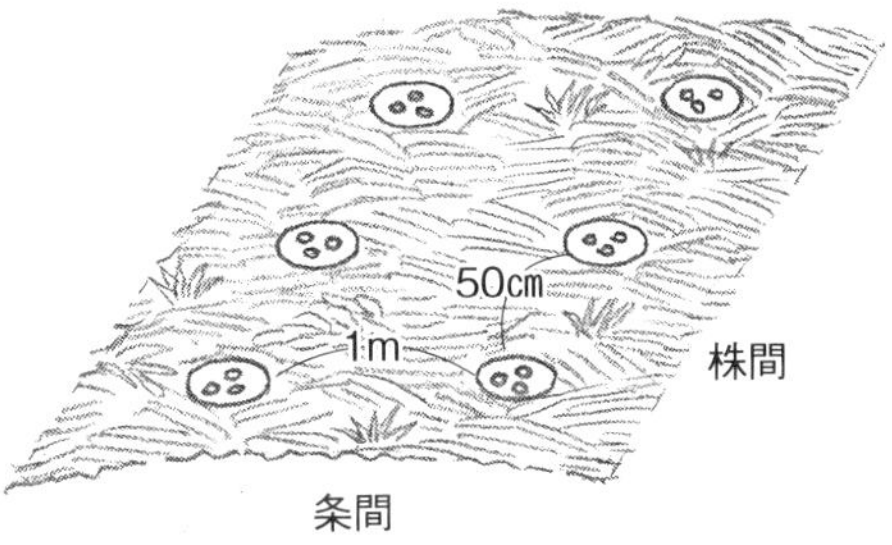

支柱立て

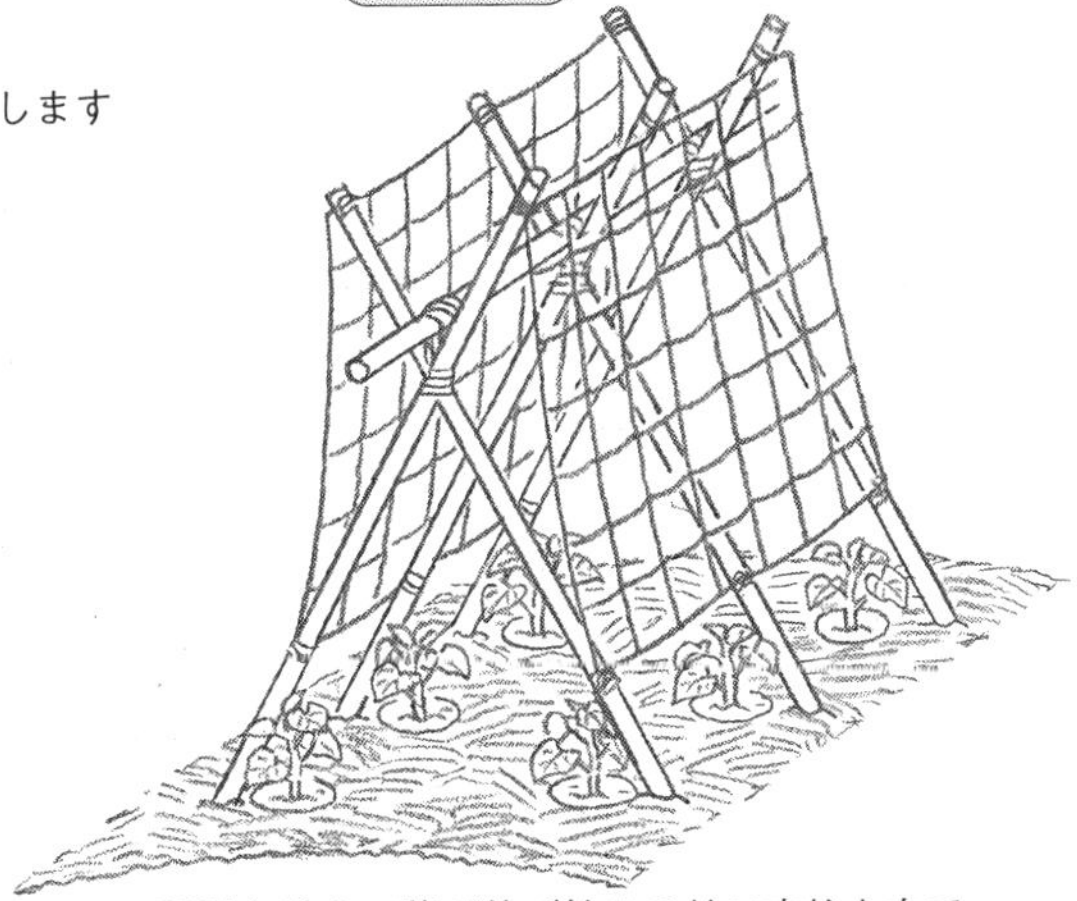

間引き終え、蔓が伸び始める前に支柱を立てネットや麻紐を張ります

種採り

実を割って種を取り出し、水洗いします

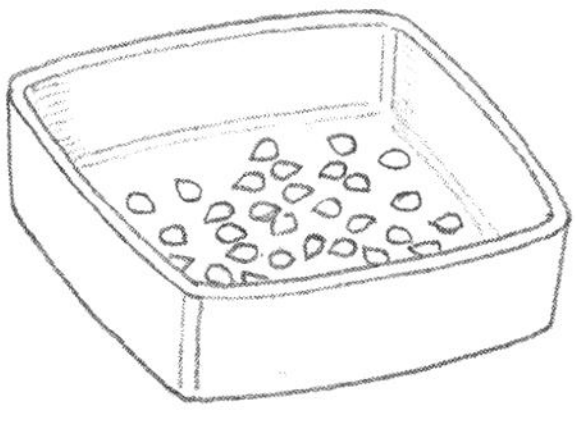

種を天日乾燥したり、陰干ししたりします

（支柱立てとネット張りを横から見たところ）

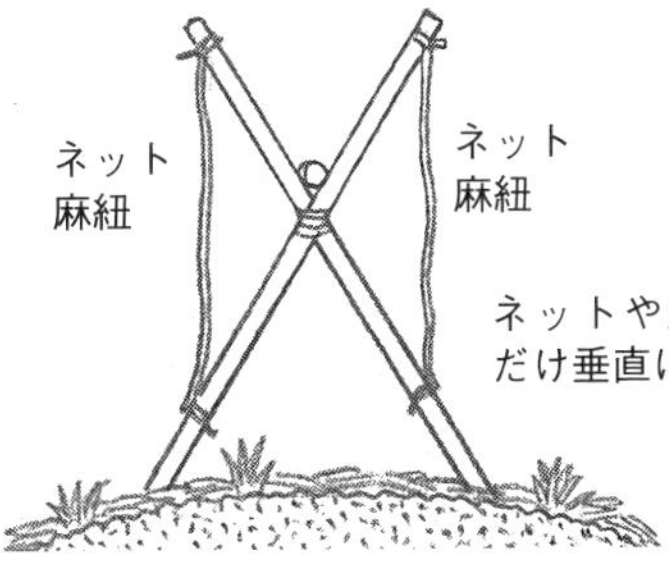

ネットや麻紐はできるだけ垂直に張ります

ウリハムシが出ることがありますが、小さいときだけ気をつけて、しっかり根を張って育ち始めれば、多少食べられても回復します。無理な栽培をしなければ、病気も虫も呼んでしまうことはないと思います。

収穫　種を降ろしてから、約二ヶ月で収穫が始まります。採り始めのはしりの頃は少しずつですが徐々に盛りとなり、次から次へと実がつき、みるみる大きくなりますので早めに収穫します。大きくなった実もまた違う味わいがあり、おいしいのですが、早めに収穫したものは歯ざわりがよく、また、親株自体に負担をかけなくてすみます。

キュウリの果実は、ほとんどが水分と言われています。自然農の畑では他の栽培より乾く、湿るといった畑の環境の変化はゆるやかですが、畑の水分の状態、乾燥や大雨が降ることなどによって水分の供給が不安定になると頭が太ったり、尻が太ったり、曲がったりという形に現れてきます。

一般的にキュウリは生食ですが、加賀太は太く、煮物用として利用します。中国では加熱して料理をします。一分以内の加熱で食感を生かすようです。立ちキュウリでも地這いキュウリでも見のがしてしまって、自然に採り遅れて大きくなってしまうことがあります。

この大きくなったキュウリは少し厚めに輪切りにして種のところをくりぬき、この場合はじっくりと時間をかけて、両面を蒸し焼きにします。キュウリステーキ、キュウリソテーとでも呼べるでしょうか。ニンニク醤油、ショウガ醤油、ポン酢などで味つけすると、絶品キュウリ料理のでき上がりです。

種採りのコツ

種を採る果実を決め、黄色くなるまで熟させて収穫します。実を割って種を取り出し、水で洗い、水中に沈んだ種を天日乾燥、陰干しして乾かし、保管します。

果菜類

地這いキュウリ

●素顔と栽培特性

キュウリの中でも、横に横に地面を這って育っていく性質のキュウリです。もともとのキュウリ本来の姿です。支柱を立てる手間はかかりませんが、立ちキュウリに比べ、草への配慮と少し広い面積が必要になります。

夏に種を降ろし、台風の時期にも強風の被害にあいにくく、秋に収穫するときに重宝します。草の中、草の上を育っていきますので、伸びる方向の草を少し抑えながら、また、草の中に実った果実を見逃さず、穫り遅れないように注意します。

実は少しずんぐりした形のものが多く、地を這った状態で実るので、物理的に立ちキュウリに比べると曲がった果実ができやすくなります。

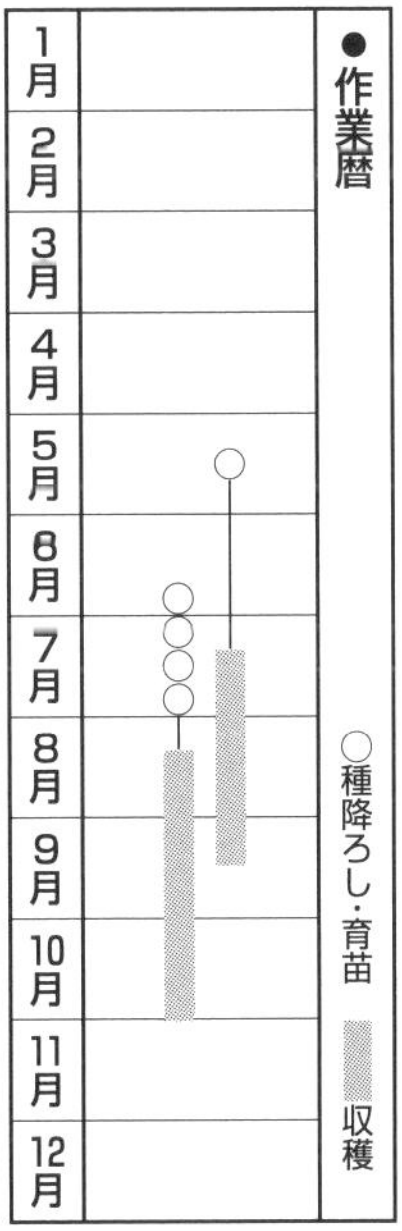

●おすすめの品種

霜知らず地這い、ときわ地這い、青長系地這い、奥武蔵地這いなど。どれも固定種です。

●育て方のポイント

種降ろし　株間一m、条間二mを目安に直まきします。種を降ろすところの草を刈り、一ヶ所数粒ずつ、指先で深さ五㎜前後の穴をつくり、種を降ろし、土を戻し、土を裸にしないように草も戻します。かける草は、発芽の妨げになるような大きな草は除きます。

発芽　六月、七月に種降ろしをすると八日くらいで発芽します。発芽の様子を見て、かけた草が邪魔なようであれば、少し取り除いて調節します。

間引き　発芽しない種や自然に間引かれることもありますので、生長を見て、あわてずにおこないます。本葉二～三枚くらいになって、一本立ちにしてももう大丈夫という姿をしてきたら、間引きして一ヶ所一本にします。

収穫したばかりの地這いキュウリ

生長　わたしは摘芯、整枝せず、そのまま育てています。草が旺盛な夏の時期ですので、伸びる方向の草を抑えながら上手に草とつきあいます。

草を刈って抑えた場合は、刈った草はその場に敷きます。刈り過ぎると日が強く当たり、乾燥したり、急に環境を変え過ぎると虫を呼んでしまうこともあります。草を刈るときは適度におこないます。草の種類によって倒しておくだけでもよく、また、キュウリがみずから草を乗り越え、倒しながら生長していきます。草の種類によって草を抑える必要がない場合もあります。

収穫　種を降ろしてから、二ヶ月くらいで収穫が始まります。はじめは少しずつ、盛りのときは次々と、終わりの頃にはゆっくりというリズムです。穫り遅れないように収穫します。

種採りのコツ

立ちキュウリと同様の要領でおこないます。

果菜類

マクワウリ

素顔と栽培特性

ウリ科のメロン類の原産はアフリカと言われ、マクワウリはメロンが湿地帯に適応したものとも言われていますが定かではありません。

マクワウリは中国と日本にしかないようです。わたしは大人になるまで、マクワウリというものの存在を知りませんでした。メロンのような味の濃さはありませんが、さわやかな香りと甘味はスイカ同様、夏の楽しみのひとつです。果実は、黄色のものと緑のものがあります。

おすすめの品種

金俵《きんぴょう》、甘露甜瓜《まくわうり》など地域の在来種。

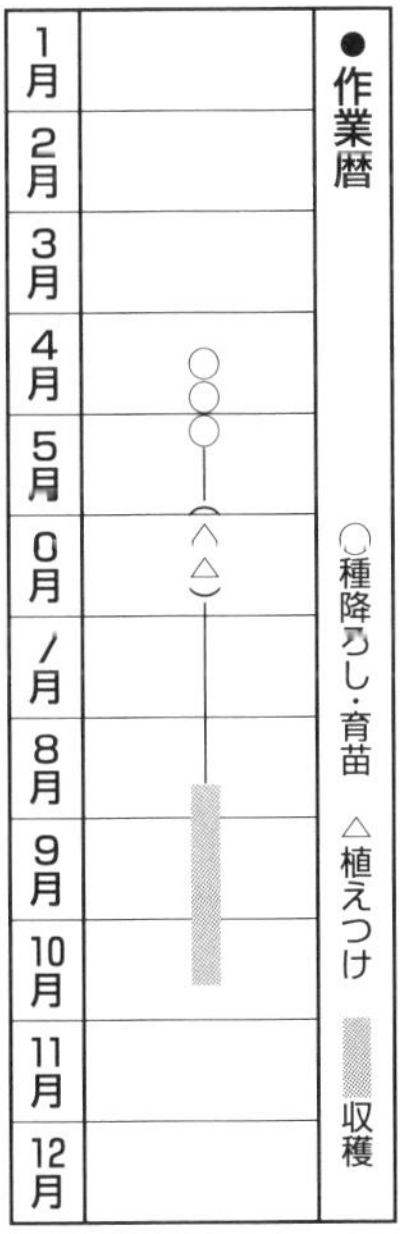

育て方のポイント

種降ろし・苗床と育苗　四月中旬から五月にかけて直まき、ポット育苗どちらでもよいです。ウリハムシが多い畑では、ポット育苗したほうがよいかもしれません。株間六〇～八〇cm、畝幅一～二mとし、直まきの場合、一ヶ所二～三粒ずつ、ウリハムシがよく出る畑では少し多めに四～五粒ずつ種を降ろします。

発芽　種を降ろし、八日～二週間で発芽します。

植えつけ・間引き　スイカと同様、直まきの場合は、蔓が伸び始める前に一ヶ所一本に間引きます。育苗した場合も、蔓が伸び始める前に植えつけをします。

生長　親蔓、子蔓、孫蔓と伸び、親蔓を摘芯する

マクワウリの種（甘露甜瓜）

マクワウリを収穫

と子、孫と蔓の本数が増え花の数も増えます。一般的には親蔓五～六節で芯を摘み、子蔓、孫蔓を伸ばします。丁寧に摘芯すれば着果を増やせると思いますが、わたしは他の作物の管理と重なる時期であることと、実の数はマクワウリにまかせてという思いから、摘芯せずに育てています。それでも一株に数個ずつは、実りをいただけます。

収穫　収穫は着果節《ちゃっかせつ》の巻きひげの枯れ込みと、果実上部、果梗のまわりに丸くひびが入るのを目安にします。

種採りのコツ

収穫がそのまま種採りとなります。水洗いしてから乾かし、保管します。

果菜類

カボチャ

素顔と栽培特性

ウリ科の果菜で日本カボチャは中米、西洋カボチャは南米が原産です。日本に渡ってくる渡来地のカンボジアからカボチャの名前がつけられています。日本に渡ってきたのは室町、江戸時代と言われています。

こぼれ種や残飯ゴミの中から自然に発芽して旺盛に育っていることなどもありますが、わたしが育てた中では、数年間上手に育てることができなかった作物のうちの一つです。品種の選び方、畑がまだカボチャを育てられる状態になかったこと、また、わたしがカボチャが育つ環境を整えられなかったことが考えられます。

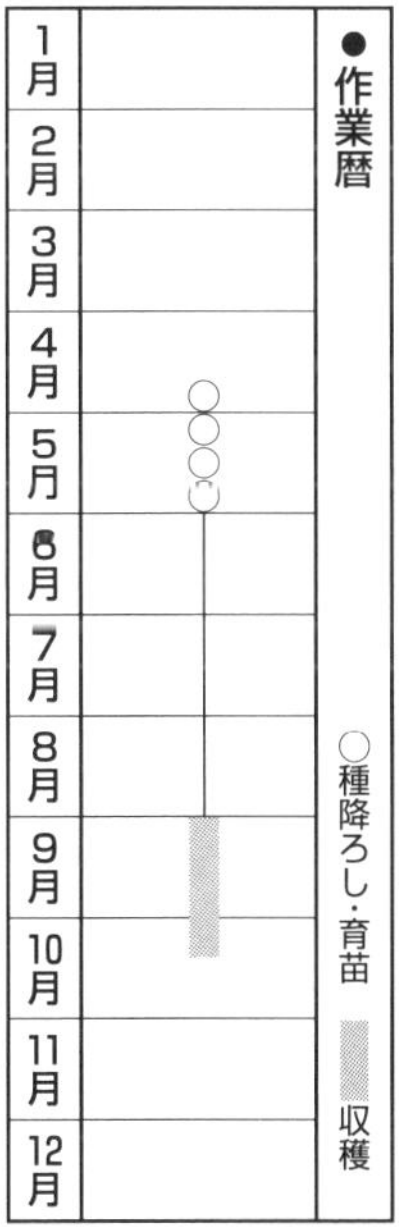

西洋種は、果肉が粉質でホクホクとし、クリのような甘味があります。日本種は、粘質で水分が多くネットリしていて、形は菊座型のひだのある形が多く、色は白皮と黒皮があります。その他に赤色のカボチャや、ペポ種と言われる変わったカボチャの種類があり、蔓なしのズッキーニやそうめんカボチャは、そのペポ種です。それぞれの特徴を生かした料理で楽しめます。

当初は三月頃、ポリキャップなどの保温資材を利用したこともありますが、今では充分暖かくなった四月に入ってから種降ろしをしています。

おすすめの品種

最近育てていませんが、日本カボチャでは富津《ふっつ》黒皮は育てやすく収量が多いです。西洋種はいろいろ試したのですが、現在は、かちわり（自然農法国際研究開発センター）を育てています。交配種のため、種は毎年購入しています。京野菜のひとつで、ひょうたん型をした日本カボチャの鹿ヶ谷《ししがたに》南瓜は形もおもしろく大きな実が収穫できます。煮物などで食べます。

育て方のポイント

畑の準備　年数を重ねてくればそのような必要はなくなってきますが、栽培予定の畑があまり草が生

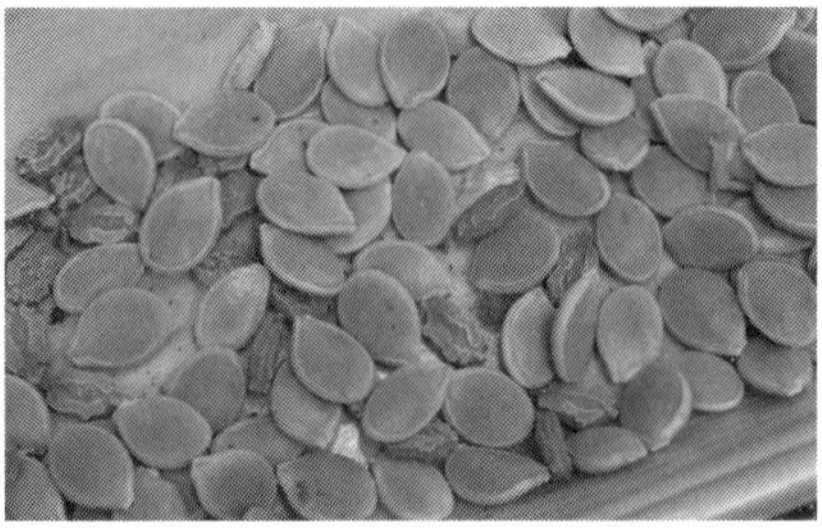
カボチャの種（兵庫県下の在来種）

直まきで発芽（かちわり）

えず、土が固いようでしたら、種を降ろす場所として直径二〇～三〇㎝を移植ゴテやスコップで柔らかくほぐしておきます。また、湿っていて通気が悪いような畑でしたら種を降ろす場所に土を盛ってクラをつくり、通気をよくしておきます。

種降ろし　直まき、ポット育苗どちらでも栽培できます。寒い地方や前作がまだ残ったりしているとき、少し早くスタートさせたいときなどはポット育苗します。直まきは株間一～二ｍ、畝幅二～三ｍを目安にし、一ヶ所数粒ずつ種を降ろします。種を降ろす場所の草を刈り、土を出します。大きな根があれば鎌を土に差し、根を切って取っておきます。地這いキュウリなどと同じように指先で、種を置ける大きさで深さ五㎜前後の穴をつくり、そこに種を平らに水平に置いて土を戻し、手のひらで押さえます。

土を裸にしないように、刈った草をかけます。発芽の妨げになるような大きな草は、除きます。発芽の様子を見て、草が邪魔しているように感じたら取り除いて調節します。

発芽　発芽まで八日から一〇日くらいです。大き

果肉が粉質のかちわり

カボチャの着果（鹿ヶ谷南瓜）

果実を収穫（鹿ヶ谷南瓜）

な種に似合った大きな双葉が、パッと開きます。

間引き　直まきした場合、生長を見ながら本葉三～四枚の頃、一ヶ所一本に間引きます。

植えつけ　ポットで育苗したものは、本葉が二～四枚になった頃、定植します。

生長　蔓が伸びる方向の草の中に埋もれないように気を配りますが、元気に育っていれば草を乗り越えながら伸びていきます。また、生育する梅雨の時期は過湿にならないように風通し、日当たりを考えながら草刈りをします。

摘芯して子、孫蔓を伸ばして花を多くする仕立て方がありますが、わたしはそのまま親蔓が伸びるにまかせています。品種によって合った仕立て方もあります。

自然農の畑はたくさんの生命が集まり、活動していますので、授粉作業などとくに必要なく生命の営みにまかせています。わたしの畑は山の中にあり、どこからともなく蜂がやってきて花から花へと活動しています。

草々、虫たち、さまざまな生物たちが活動するいのちの輪、つながりのなかで、作物も一緒に育っていくことがわかります。みずから生きることが相手を生かしてもいます。生かし生かされ、の関係です。

葉が黄色くなって、なかなか育たないときは、根が張れないか、地力がまだないことが考えられます。待って様子を見てみますが、株回りに少し米ぬか、油かすなどを補ってあげるのもひとつの方法です。

収穫　株元についた実は小さく、蔓の先端は実りになりにくく、蔓の中ほど一五〜二〇節くらいについた実が充実しています。葉が枯れた頃、完熟した果実を草の中から収穫します。果皮につめが立たないほどの固さと、蔓と果実を結ぶへた、果梗節《かこうせつ》の変化を完熟かどうかの目安にします。果梗節が緑から茶色でコルクのように変われば収穫できますが、取り遅れてもすぐ腐ってしまうことはありませんので、あわてず実りをいただいてください。

収穫したら一〇日ほど追熟させてから食べると、でん粉が糖分に変わり、おいしさが増します。日本カボチャは、表面に白く粉がふく状態が収穫の目安です。蔓なしカボチャのズッキーニは、次々になる実がキュウリの大きさくらいになったら、取り遅れないように収穫します。

昔から冬至《とうじ》にはゆず湯に入り、冬至カボチャを食べる慣習があることから、収穫して三〜四ヶ月は保存できることが窺えます。しっかり育てることが、長期の保存にもつながってくると考えられます。

種採りのコツ

完熟した果実の中から採種します。包丁で実を割って種を取り出し、水洗いします。カボチャの種はほとんど浮いてしまうので、その中のしっかりしたものを選び、カビないようによく乾燥させ、保管します。

果菜類

スイカ

●素顔と栽培特性

南アフリカ、カラハリ砂漠が原産のウリ科の果菜です。外観は真ん丸、球状、縞《しま》模様で、中味が赤いものが一般的ですが、ラグビーボール型のもの、縞模様がなく真っ黒のもの、黄色いもの、また、中身が黄色いもの、実が小ぶりな小玉スイカなどがあります。

地這いで面積が必要ですが、一株でもあれば夏に数個収穫できますので、育てるのが楽しみな果菜です。狭い畑であれば、同じ時期に育つトウモロコシやオクラなどの上に向かって伸びる背の高い野菜の株元などで育て、混植すれば畑を有効に生かすことができます。

●作業暦

○種降ろし・育苗　△植えつけ　▒収穫

月	作業
1月	
2月	
3月	
4月	○○
5月	○○
6月	(△△)
7月	｜
8月	▒
9月	▒
10月	
11月	
12月	

●おすすめの品種

川口由一さんからいただいた黒い外観の南米スイカがとてもよく育ちましたが、残念ながら動物による食害で途絶えてしまいました。縞なしの旭大和《あさひやまと》西瓜《すいか》、小型で黄肉の嘉宝《かほう》西瓜（いずれも野口のタネ）などの固定種があります。

●育て方のポイント

種降ろしと苗床、育苗　四月中旬から五月にかけて直まき、ポット育苗どちらでもよいです。株間一～一・五m、畝幅二mを目安に一ヶ所二～三粒ずつ種を降ろします。

発芽　種を降ろして八日前後で発芽します。

間引き・植えつけ　直まきの場合、蔓が伸び始める前に一ヶ所一本に間引きます。育苗した場合も、蔓が伸び始める前に植えつけをします。

生長　親蔓、子蔓、孫蔓が伸びますが、わたしは摘芯、整枝せずそのままにしています。受粉作業は虫たちにまかせ、人為的にはしていません。生命豊かな畑であれば、たくさんのいのちの生命活動が、そのまま受粉作業になっています。

ウリハムシの食害がときどきありますが、しっかり根を張り、元気に育っていれば問題ありません。

蔓が伸びる方向に草が生えている場合、草の種類によっては草に負けないように草を刈って抑えます。しかし、生長初期には草があるほうがウリハムシの食害から助かり、育った果実を隠したりして鳥などの食害を防ぐことができます。

収穫した２種類の小玉スイカ

果皮が黒ずんでいる南米スイカ

収穫　着花後四〇～五〇日くらいで収穫です。収穫適期の目安は、着花節の巻きひげの枯れ込み、果実の尻のところの黄色の濃さ、果実を軽くたたいて鳴る音などで判断します。軽くたたいてパンパンとはじけるような音では早過ぎ、ボコッと鈍い音では熟し過ぎ、ボンボンという濁音くらいが目安です。

種採りのコツ

スイカを育てたことがない人でも、スイカの種はお馴染みと思います。収穫が、そのまま採種となります。食べた果実から出た種を水で洗い、乾かし、保管します。一代交配のものが多くなっているので、固定種を探して食べたときに気に入ったものからぜひ採種してください。

もっとも一代交配のものでも、親と異なった色や肉質のおいしいものが育つことがあります。

果菜類

ニガウリ

素顔と栽培特性

中国が原産のウリ科の果菜です。別名がゴーヤ、レイシ、ツルレイシです。

わたしは、三〇年ほど前にサトウキビの収穫の援農で沖縄を訪れたときに初めてその存在を知り、食べました。他の野菜では味わえない、初めての苦味のとりこになりました。その当時、東京の店頭ではほとんど見かけることはありませんでしたが、今ではポピュラーな存在となり、店頭で当たり前に見られるようになりました。

三〇cm以上の長さになる長れいし、ずんぐりした形の太れいし、白れいしなどの品種があります。

●作業暦

月	作業
1月	
2月	
3月	
4月	
5月	○
6月	○
7月	
8月	▒
9月	▒
10月	▒
11月	
12月	

○種降ろし・育苗　▒収穫

おすすめの品種

太れいし、長れいし。また、野口のタネでは固定種として沖縄中長苦瓜、沖縄あばし苦瓜、沖縄純白ゴーヤー、さつま大長苦瓜などを揃えています。

育て方のポイント

種降ろし　気温、地温が高くなる五月から六月にかけて、畑に直まきします。株間四〇～五〇cm、一ヶ所に二～三粒ずつ点まきします。一列植え、もしくは条間一mとって二列植えにします。

発芽　発芽まで二週間前後かかります。

間引き　本葉が三～四枚になった頃、間引いて一ヶ所一本とします。

支柱立て　上へ上へと旺盛に蔓を伸ばしながら育

形がすらりとした長れいし

収穫期のニガウリ畑

っていきますので、高めの支柱を立てます。わたしは種を降ろす前に合掌式に立てています。また、生育初期、蔓が伸びやすいように笹や竹、麻紐を使ってつかまりやすいようにします。

収穫　八月から九月が収穫期になります。果実が濃い緑から、少し薄く白味を帯びてきたら収穫できます。穫り遅れた果実は黄色味を帯びてきますので、その前に収穫します。

収穫した果実は包丁で縦に切って、種とまわりの白いわたのところを取ります。苦味を楽しみたいときはサッと加熱し、苦みを減らして料理したいときは茹でてからサラダにしたり料理します。

種採りのコツ

果実が緑から白、そして黄色からオレンジ色に熟し、果実が割れると、中から鮮やかな赤いものに包まれた大きな種が出てきます。ニガウリの果実の表皮のように、表面が少しデコボコした種です。水で洗って、赤いところを取り除き、乾かして保管します。

果菜類

ナス

●素顔と栽培特性

インドと東南アジアが原産のナス科の果菜で中国を経由し、日本に渡ってきたのは六世紀と言われています。加茂ナス、泉州ナス、久留米大長など地域によって在来、固定の品種があるので探して育ててみてください。

果実の長さ、大きさで短形、中長、大長、米《べい》ナスなどに分かれます。南に行くほど、暑さに強い長形になっていきます。湿り気を好み、草が元気に育っている地力のある畑を選びます。

●おすすめの品種

わたしの畑の場合は、太長ナスの黒陽《こくよう》（タキイ種苗）が育てやすい品種です。もっとも、交配種のため、毎年種を購入しています。固定種として人気がある仙台長茄子、越前水茄子（いずれも野口のタネ）などがあります。

●作業暦

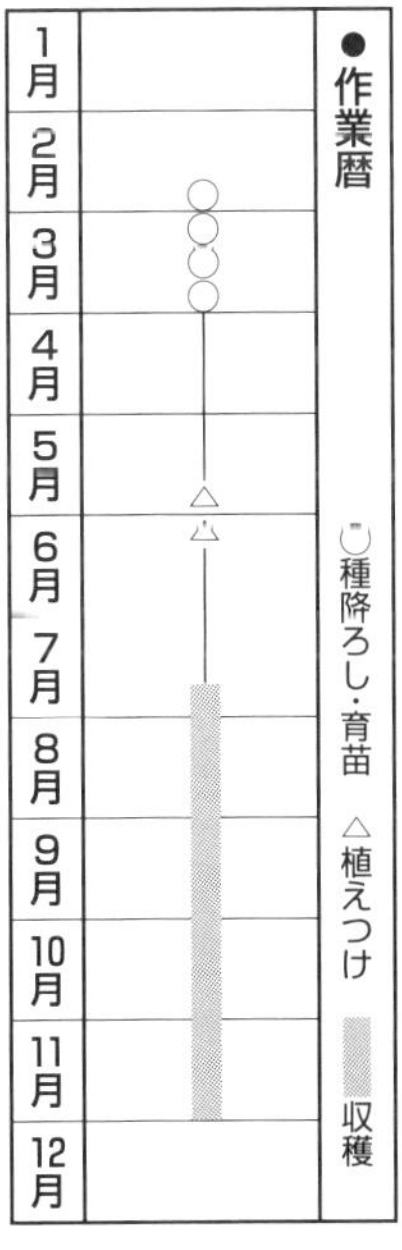

●育て方のポイント

畑の準備　栽培が長期にわたり、肥沃な土壌で育つので草が元気な地力のある畑で育てます。

種降ろし・苗床と育苗　直まき、育苗のどちらでも栽培できます。わたしは二月下旬から三月中に踏み込み温床でポット育苗しています。徒長してひょろひょろにならないように育てます。

直まきの場合は、五月頃が種降ろしの適期です。トマトやピーマン同様、夏野菜の直まきは発芽に日数がかかること、初期生育がゆっくりなことに加

踏み込み温床で育苗(黒陽)

支柱を立てたナス畑(黒陽)

え、草が旺盛に育つ時期なため、発芽して小さい時期は草に覆われないように見守ります。

発芽　早い時期に種を降ろしたときで発芽まで二〜三週間、四月に入ってからは発芽に一〇日ほどかかります。

植えつけ・支柱立て　ピーマン同様、植えつけ予定の場所に、土に差して地上部一mにはなる長さのしっかりした支柱をあらかじめ立てておきます。収穫を終える晩秋から初冬まで、この支柱がナスを支えます。株間六〇cm、条間一mを目安にしています。植えつけは、五月から六月、本葉が五〜六枚になった頃におこないます。

生長　植えつけてから少しの間、たくましく育っているまわりの草たちの中で大丈夫かなと思いますが、少し時間がたち、根づき始めるととてもたくましく、ぐんぐんと生長を始めます。

整枝　一本仕立て、三本仕立てなどの仕立て方、また、秋ナスの収穫のための更新剪定《せんてい》の方法がありますが、わたしは育つままにしています。生長に伴って支柱の本数を増やしたり、麻紐を利用して枝を支えます。

収穫　梅雨が明け、七月下旬頃から収穫です。第一果は早めに小さいうちに摘み取ったほうが、その後の実つきがよいようです。夏の盛りの暑い時期は少し実のつき方がゆっくりとなり、秋になってからおいしい秋ナスが収穫できます。一〇月から一一月くらいまで収穫できます。

終わりの頃はゆっくりと実を大きくし、冷たい雨が当たると実が割れてしまうことがありますが、この頃のナスは、実が充実した何とも言えないしっか

ナスのつくり方

支柱立て

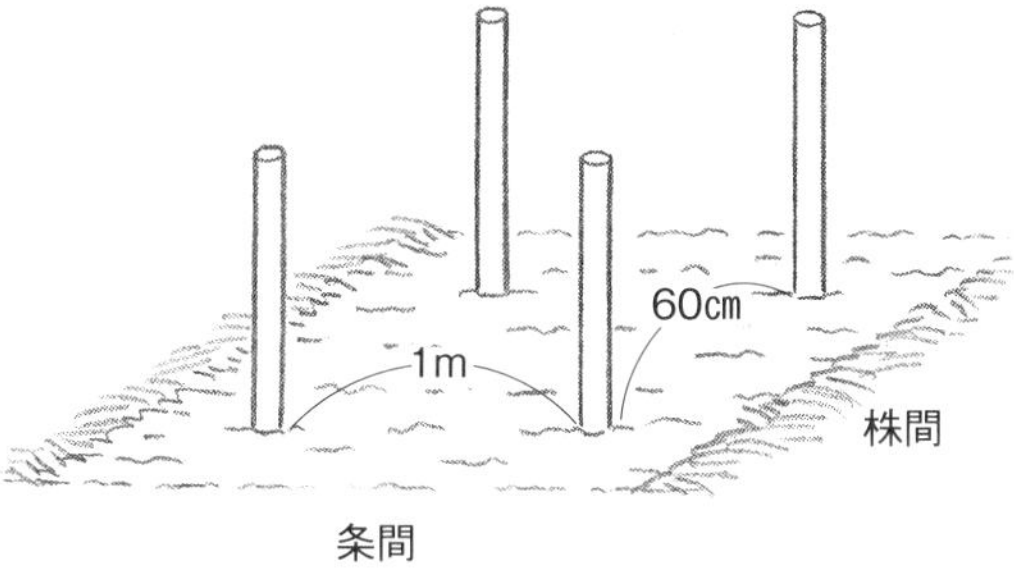

育苗している間に植えつけ予定の
場所に支柱を立てておきます

植えつけ

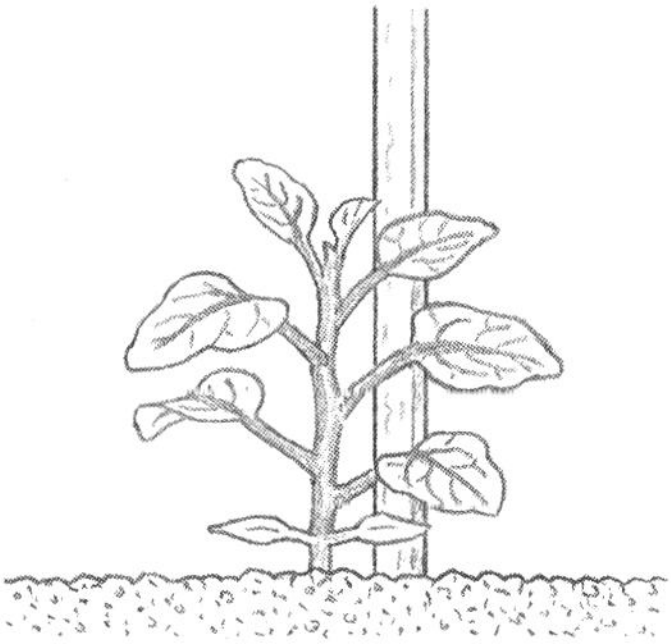

本葉が5～6枚になった頃
植えつけします

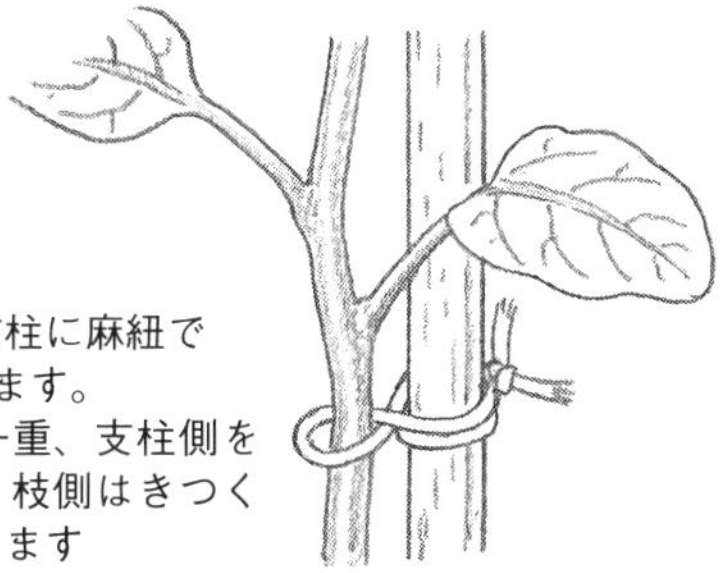

生長とともに支柱に麻紐で
8の字に結わきます。
ナスの枝側を一重、支柱側を
二重にします。枝側はきつく
しないようにします

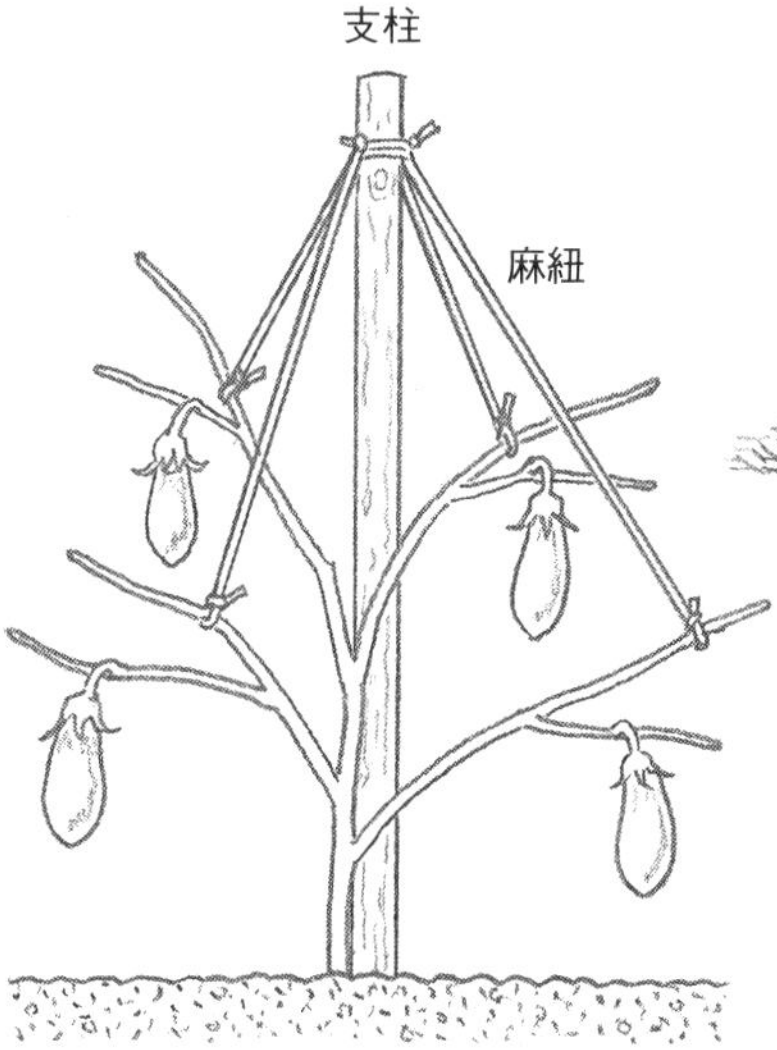

実が成り出し枝が下がってし
まわないように麻紐で吊り枝
を支えます。
支柱がたくさん用意できれば
枝ごとに支柱で支えます

収穫

生長したばかかりのところは
紫ではなく白くなっています

鋏で切って収穫します

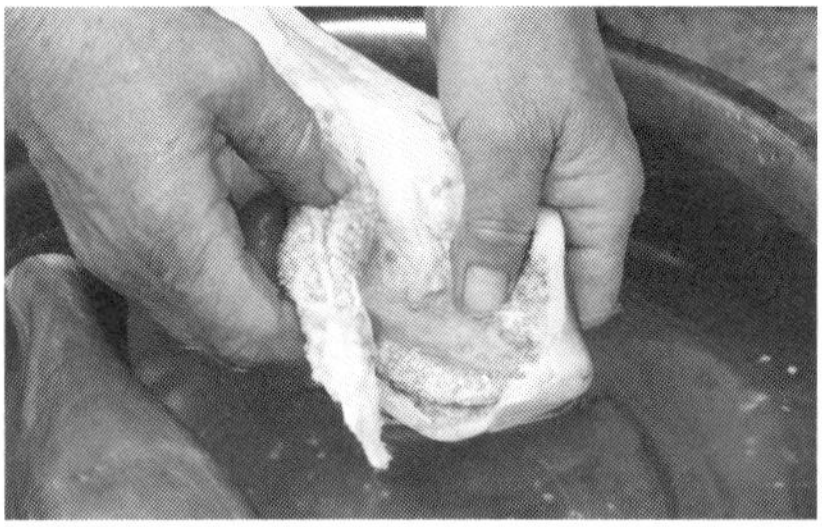
実を割り、種を取り出す

水洗いし、沈んだ種を乾燥させる

収穫期のナス（黒陽）

りしたおいしさが味わえます。

種採りのコツ

果実がたくさんなる盛りの時期に、形がよく元気そうな果実を何本か目星をつけておきます。果実が紫から褐色になるまで枝につけておき、採取用果実として収穫します。

果肉が少し柔らかくなるまで追熟させ、実を割って種を取り出します。水洗いして沈んだ種を乾燥させ、保管します。

メモ

ナナホシテントウに似たニジュウヤホシテントウが、葉を食べることがあります。とくに苗のときは葉を食べられてしまうとダメージが大きいので、見つけたら捕殺します。

果菜類

トマト

素顔と栽培特性

みずから畑で育ててみたい代表的な作物と言えます。ビタミンCはもとより、カロチンも豊富で生食、調理、加工用にと幅広く利用される果菜類。夏から秋にかけて、真赤に熟したトマトを畑で丸かじりするおいしさは格別です。もともと南アメリカのアンデス山地が原産のナス科の高山植物で、メキシコで栽培化され、日本に来たのは室町、江戸時代と言われています。

　どちらかと言うと乾燥を好み、水はけが悪く、湿りがちの畑では、少し高めの畝で育てます。高温多湿の地域では農薬に頼り、雨よけ栽培にしないと育てにくい作物と言われ、わたしが失敗を繰り返した作物の中のひとつです。

　一時期、出荷用にはトマトより育てやすいミニトマトと割り切り、トマトは作付け面積、本数を減らし、運よく穫れれば自給用としていました。雨が多いと病気が出やすく、実が赤くなる頃雨に当たると急に冷えて、また、根から水を吸って生長しようとすることから実が割れてしまうことがあります。

　ある年、実が割れにくく病気に強い品種と出会えたこと、芽かきの工夫をすることで防げるようになりました。また、真夏に実が白く腐ってしまう原因がわかって対応できるようになり、安定して実りをいただけるようになりました。

　わたしの畑で育つトマトは、強烈なトマトの味というよりも、旨みを舌に残して、すっとさわやかにおなかにおさまる感じがします。

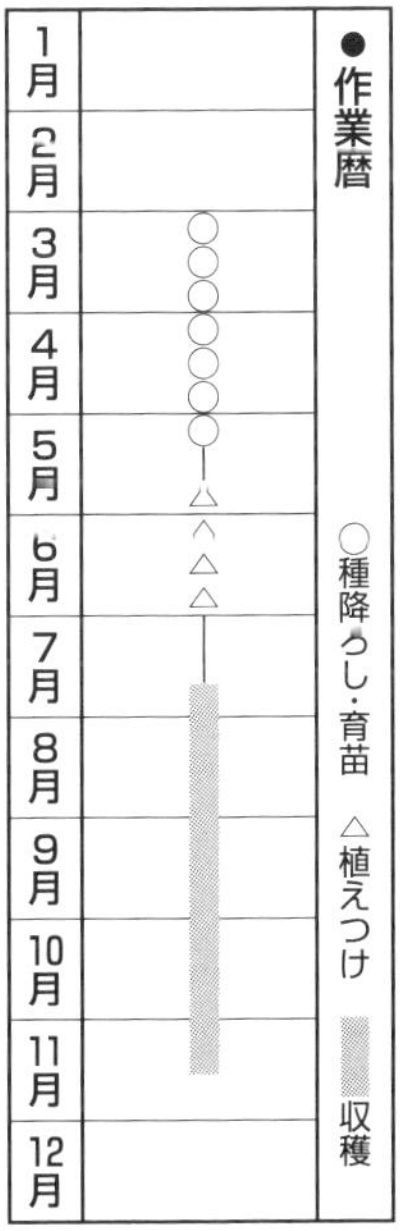

おすすめの品種

中玉のメニーナ、ボニータ（自然農法国際研究開発センター）。交配種のため毎年、種は購入しています。

こぼれ種で畑で自生していたトマトがあり、その種を取りながら、わたしの畑に合ったトマトを育成中です。また、固定種としてアロイトマト（野口のタネ）などがあります。

支柱を立てたトマト畑

収穫期の果実（メニーナ）

育て方のポイント

畑の準備　わたしの畑は傾斜地の段々畑で排水がよいため、畝立てしていませんが、乾燥を好みますので、水はけの悪い畑、湿りがちの畑では少し高めの畝で育てます。

種降ろし・苗床と育苗　畑への直まき、育苗してから定植どちらでも栽培できます。直まきをする場所は、気温が高くなった四月下旬から五月に種降ろしをします。株間五〇cmとし、一ヶ所に数粒ずつ種を降ろします。種を降ろす場所の草を刈り、一度土を出し、そこに種を降ろし、土をかけます。

わたしは始めた当初は直まきしていましたが、現在はポットで育苗してから畑に定植しています。三月から五月にかけて種降ろしをしますが、三月中におこなうときは、踏み込み温床を利用します。ポットに一～二粒ずつ種を降ろします。

発芽　発芽まで三月、四月は一〇日ほど、五月で八～九日です。とくに直まきの場合、草に覆われないように気をつけて見ていてください。

間引き　生長を見ながら間引きをおこない、丈夫なもの一本にします。

植えつけ　ポットで育苗したものは草丈が二〇cmくらいになり、黄色い一番花が咲く頃、一生を過ごす畑に植えつけます。発芽にかかる時間、植えつけまでの時間は同じナス科のナス、ピーマンに比べ短く、早いです。早く植えてくれと言わんばかりの姿で、上に上に伸びてきます。

二条植えの場合は条間を一mとり、株間は五〇cmを基本にしますが、品種によって芽かきをしないで育てる場合や地這いする場合は、上よりも横に広がるように育ちますので株間を広くとります。植えつけのとき、わたしは灌水はせず、そのまま植えつけています。

支柱立て　トマトは上へ上へと伸びるので、三mくらいの竹を用意し、支柱にしています。種降ろし前、植えつけ前に合掌式、または直立式に立てておきます。伸びるにしたがって、麻紐で8の字に結わいていきます。生長にしたがって茎は太くなっていきますので、余裕をもって結わきます。

踏み込み温床で育苗（メニーナ）

植えつけ期の苗（草丈20cmほど）

苗（メニーナ）を植えつける

腋芽かき　それぞれの葉の根元から出てくる腋芽を順次、手で横に倒してポキッとかいていきます。腋芽をかかずにそのままにすると、株の下のほうで繁茂し、風通しが悪くなります。また、ひとつひとつの実が小さくなります。腋芽かきは、雨の日におこなうと病気にかかりやすくなるので、週一～二回、晴れた日におこないます。

わたしは目の高さくらいのところまで腋芽をかいて、摘芯はせずに、そのあとは腋芽もかかずに伸びるにまかせています。

八月くらいまでは一本仕立ての姿で、九月、涼しくなり、台風や秋雨シーズンで雨が多くなる頃に、株の上部も下部も出るにまかせた姿になります。上に繁茂すると九月、雨が降っても雨が直接果実に当たりにくくなり、また、芽かきをせず、伸ばすことで枝数と実の数が増え、雨が降って水分を吸っても水が株全体に分散され、その両方で実が割れにくくなります。一本仕立てプラス放任、この芽かきの仕方がわたしの畑での育て方に合っているようです。

草抑え　小さいときは草に負けないように配慮しますが、ある程度育てば草の上にぐんぐん伸びていくので負けることはありません。あとは風通しをよくしたいときに、株回りや条間をさっと草を刈るようにします。

第１果の収穫期（メニーナ）

収穫　赤くよく熟した実を鋏を使わず、手で果梗の緑の節のところを折って収穫します。実が赤くなると、鳥に見つかりやすくなります。鳥に多くつつかれてしまうようなときは細い糸や紐など、ひどいときはネットなどを使い、鳥よけをします。

たくさん収穫できて食べきれないときは、煮つめ

トマトのつくり方

腋芽かき

腋芽は晴れた日に
手で横に倒してポキッと
とります

支柱立て

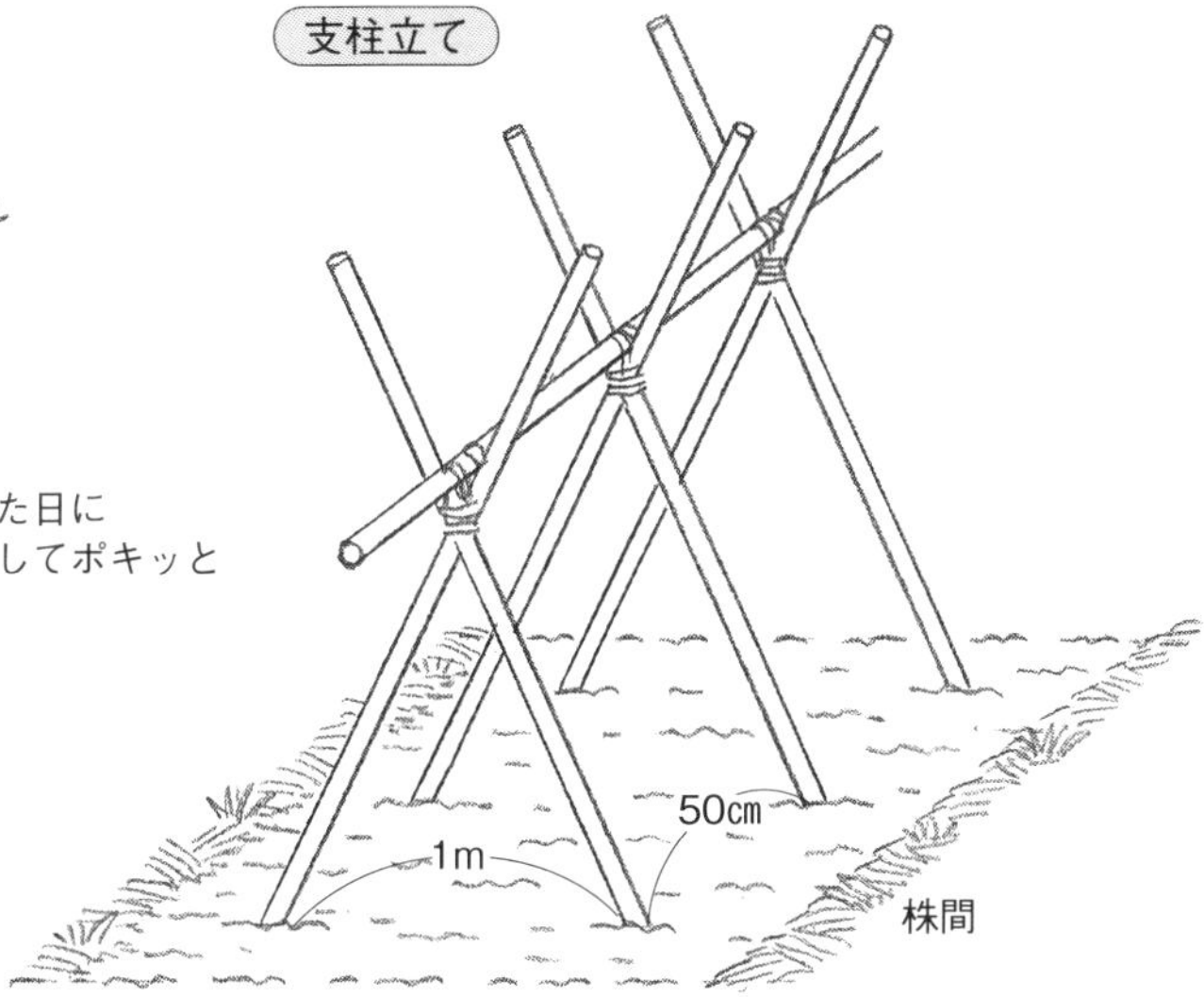

育苗している間に支柱を立てておきます

収穫

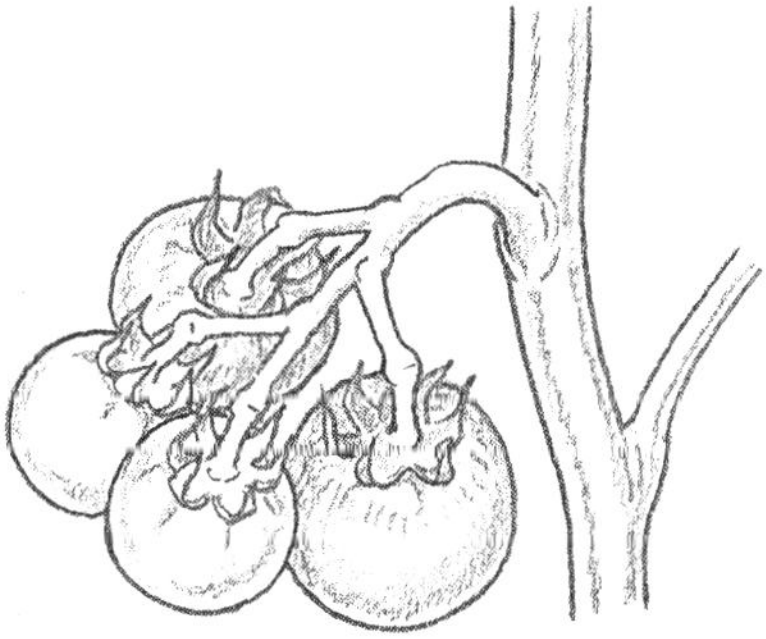

赤く熟した果実を筋のところから
手で倒して収穫します

植えつけ

一番花が咲く頃
植えつけます

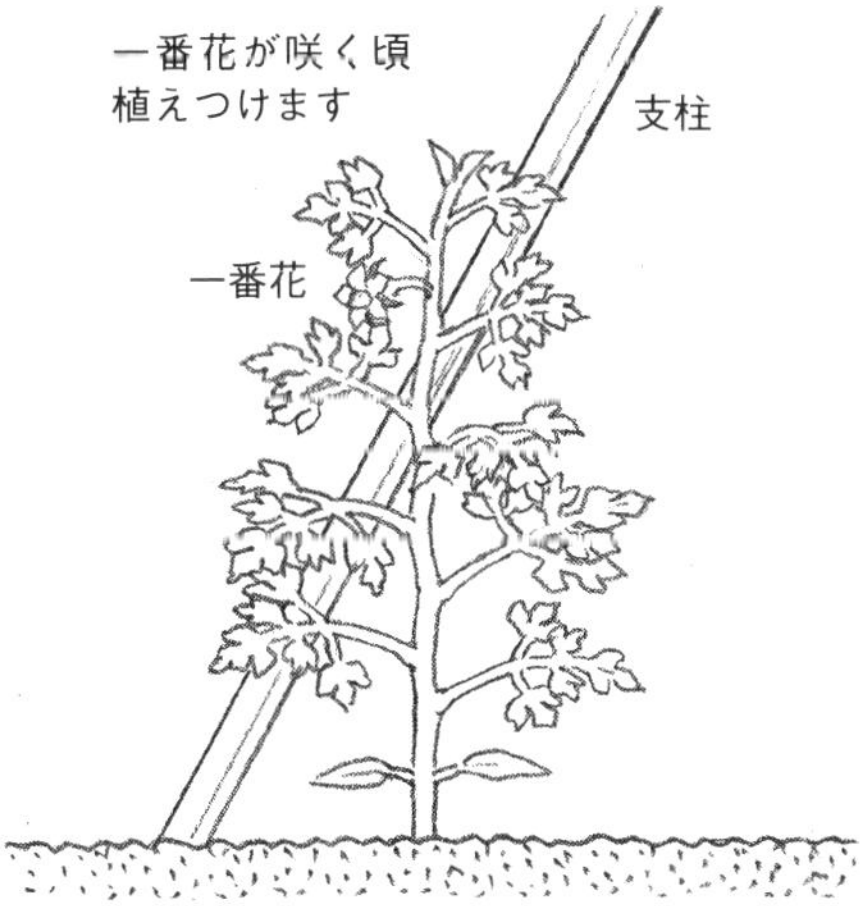

生長とともに支柱に麻紐で結わいていきます。
ナスと同じように８の字で。結わなくてもすむ
らせん状のトマト支柱を利用してもよいです

てトマトピューレやケチャップなどにし、保存できるようにします。

種採りのコツ

赤く熟した実から採種します。収穫後、数日から一週間追熟させて種を取り出し、水洗いしてザルなどで乾かします。

数日間、天日乾燥させ、陰干しをしてよく乾かし、紙袋に入れて冷蔵庫か、そのままビンに入れて保管します。

収穫した果実（メニーナ）

メモ

八月、実が緑から赤く変わる頃、次々と実が白く腐ってくることがあります。長い間、原因がわかりませんでした。調べてみると、アケビコノハガという蛾が実を刺すことで起こるのだとわかりました。蛾の活動に伴う一時的なもので、涼しくなれば治まってきます。ちょうど、この時期に実がたくさんなっていると被害が大きくなるので、その徴候が見られたら蛾に実を刺されないようにネットなどで防ぐか、農業用の黄色い蛍光灯で防ぐと効果的です。

九月に涼しくなる頃には、また、実りをいただけます。被害を出さないために温床でのスタートを早め、摘芯をして八月までに収穫を終えるという方法もあります。

芽かきをした腋芽を、さし芽して育てることができます。種を降ろして育てたほうが元気に育ちますが、途中で枯れて欠株が出たときや苗が足りなくなってしまったときなどに、この方法で補うことができます。

果菜類

ミニトマト

素顔と栽培特性

トマトと同じく南アメリカ、アンデスが原産のナス科の果菜です。果実は赤のほか、黄色いもの、丸い形のもの、洋ナシ型のものなどがあります。トマトよりも茎が細く、実が鈴生りにつきます。トマトに比べ病気になりにくく、虫の害も少ないです。

おすすめの品種

梓川《あずさがわ》ミニトマト、ブラジルミニトマト（自然農法国際研究開発センター）がおすすめです。ブラジルミニトマトは甘味よりも酸味が強く、さわやかな味で、加熱した料理などにしてもとてもおいしいです。草勢が強く収量がとても多いです。

●作業暦

1月	
2月	
3月	○
4月	○
5月	○　△
6月	△
7月	収穫
8月	収穫
9月	収穫
10月	収穫
11月	収穫
12月	

○種降ろし・育苗　△植えつけ　■収穫

育て方のポイント

トマトと同じ要領でおこないます。

種採りのコツ

トマトと同じ要領でおこないます。

収穫間近のミニトマト（梓川ミニトマト）

生育旺盛なブラジルミニトマト

果菜類

ピーマン

素顔と栽培特性

ピーマンは南アメリカ原産のナス科の果菜で、トウガラシの甘味種です。

収穫期の実（京みどり）

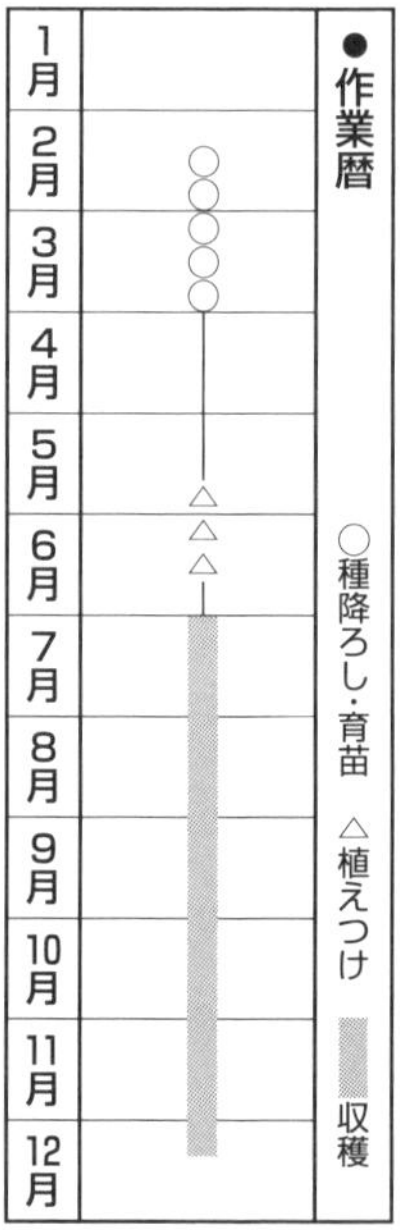

日本には明治になって、アメリカから渡来しました。細長い形のもの、ずんぐりした形のものがあり、最近は赤や黄色のカラフルで大きな実のパプリカがあります。

二月、三月の種降ろしから霜の降りる頃まで、生育は長期にわたります。種を降ろしてから発芽まで少し時間がかかり、わたしは踏み込み温床で育苗して、栽培しています。七月から霜の降りる頃まで長期間収穫できます。

おすすめの品種

今までいろいろな品種を試しましたが、わたしの畑では京みどり（タキイ種苗）が合っているようです。交配種なので毎年、種は購入しています。少し細長い形をしています。固定種として、さきがけピ

植えつけ期の苗（本葉７～８枚）

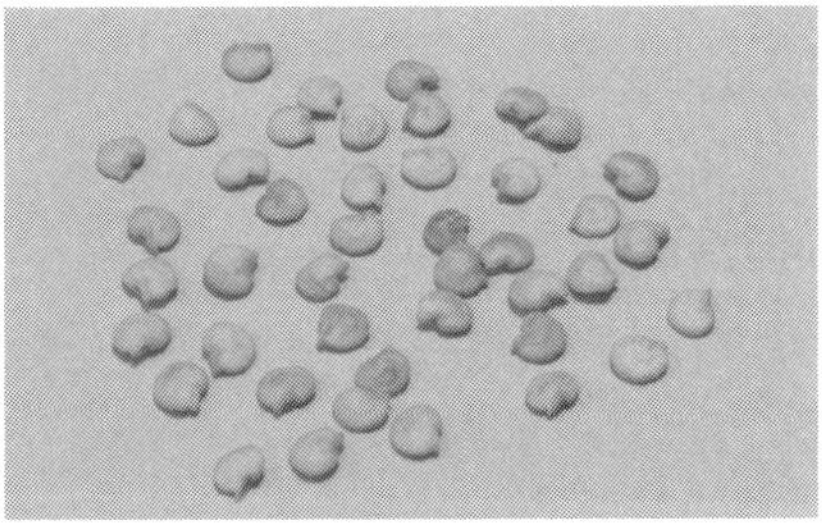
ピーマンの種（在来の石田系）

苗を植えつける（京みどり）

踏み込み温床で育苗（京みどり）

ーマン（野口のタネ）などがあります。

育て方のポイント

種降ろし・苗床と育苗　直まき、育苗のどちらでも栽培できますが、発芽まで時間がかかるため、わたしは二月中旬から三月にポットに種を降ろし、踏み込み温床で育苗します。

発芽　発芽まで二〇日前後かかります。

植えつけ・支柱立て　生育が長期にわたるので、定植予定のところにしっかりした支柱を、あらかじめ立てておきます。株間六〇cm、条間一mを目安にしています。本葉が七～八枚になり、気温、地温が上がる五月から六月中旬が定植適期です。

自然農の畑は保水力があり、適度な湿り気が保たれているので、わたしは灌水せず、そのまま植えつけしています。

生長　生長に合わせ、支柱に麻紐で8の字に結わいていきます。ピーマンは枝が細く、とくに実がつき始めて強い風に当たると枝が折れやすいので、何本か枝に添って斜めに支柱を差して支えたり、ネットや紐を使って枝が折れないように配慮します。
七月過ぎ頃から、ホオズキカメムシの発生が見られます。目立ってきたときは葉の裏を見ると、金色のような褐色のような卵のかたまりが見られます。あまり多いときは取り除いておきます。丈夫に育っているものはよいのですが、弱い株は樹液を吸われ、生長がさまたげられたり、中には枯れてしまうものもあります。虫捕り網などを利用して捕殺します。

収穫最盛期を迎える（京みどり）

収穫　二月に種を降ろすと七月から、三月の場合は八月くらいから収穫が始まり一一月まで収穫できます。大きくなった実から収穫します。九月から一〇月にかけての盛りの時期は、次々に白い花が咲き実を結びます。炒めものや生でサラダなどシャキシャキとした歯ごたえとおいしさが味わえます。

寒さとともに実の生長もゆっくりとなり、霜が降りると葉が褐色となり、落葉し、枯れて一生を終えます。株元に絹サヤエンドウやスナックエンドウ、グリンピースの種を降ろしておけば、枯れて残った枝が豆の初期の支柱として利用できます。

種採りのコツ

果実が赤く完熟したものから採種します。収穫して追熟させ、手で果実を割って種を取り出し、厚みのあるしっかりしたものを乾かし、保管します。

果菜類

シシトウガラシ

素顔と栽培特性

南アメリカ、中央アメリカ原産のナス科の果菜です。熱帯では多年生ですが、日本などの温帯では一年生です。

シシトウガラシにはときどき辛いものがありますが、伏見甘長トウガラシ、万願寺トウガラシは辛いものがなく長形の尖った形をしています。シシトウガラシは多くの小さな実をつけ、ピーマンに比べ、樹形が小さく背は低く、節間も短く葉も小さいです。

おすすめの品種

固定種のシシトウガラシが、いろいろな種苗会社から販売されています。伏見甘長トウガラシ、万願寺トウガラシは辛いものがなく、子どもや辛いものが苦手な方でも安心して食べられます。

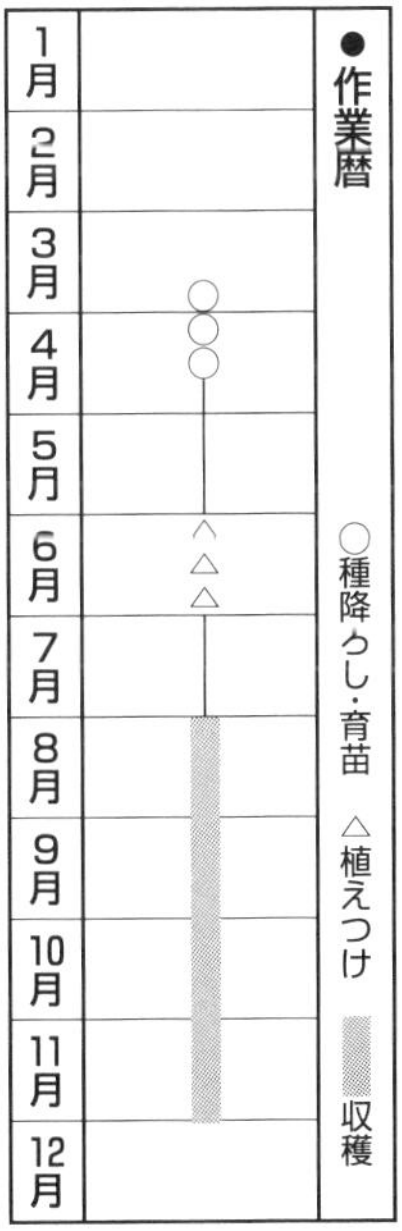

育て方のポイント

種降ろし・苗床と育苗　ピーマン同様、直まき、育苗のどちらでも栽培できますが、発芽、生育には高温が必要なため、わたしは三月から四月にかけてポットに種を降ろし、踏み込み温床を利用して育苗しています。

発芽　発芽までに一～二週間かかります。

植えつけ・支柱立て　定植予定の畑に、あらかじめ支柱を立てておきます。株間五〇～六〇cm、条間一mを目安にしています。本葉が七～八枚になり、気温、地温が充分に上がった五月から六月にかけておこないます。

次々と白い花が咲く

収穫期の果実(伏見甘長トウガラシ)

生長　上に伸びるのに合わせて、支柱に麻紐などで8の字に結わいていきます。ずんぐりした樹形のシシトウガラシに比べ、伏見甘長トウガラシ、万願寺トウガラシは実が細長くなるのと同様、株の草丈も高く、節間も長くなります。ピーマンほどではないが枝が折れないように支柱で支えたり、麻紐で支えます。

収穫　七月頃から収穫が始まり、霜の降りる頃まで長期間にわたって収穫できます。一〇月くらいまでは盛りの時期で、次々と白い花が咲いて実を結び、一一月近くなり寒さへ向かう頃には、ゆっくりじっくり少しずつ実を結ぶなごりの時期になります。霜が降りると葉が褐色に変わり枯れていきます。

ピーマンやシシトウガラシ、ナス、モロヘイヤなどは、枯れた枝がそのままの姿で残ります。株元に絹サヤエンドウなどの種を降ろしておけば、生育初期の支柱として利用することができます。

種採りのコツ

ピーマンと同様の要領でおこないます。

果菜類

トウモロコシ

●素顔と栽培特性

中米メキシコ、南米アンデスが原産と言われるイネ科の果菜。収穫量は、世界で小麦に次いで二番目、世界で一番多くの国で栽培されている作物です。若く収穫したものは野菜として利用されますが、熟したものは穀類でもあります。粒で食すだけでなく、完熟乾燥させ粉としても利用されます。食用、飼料用、工業原料と幅広く利用されています。アメリカのバーボン、アンデスのチチャなど、お酒の原料もトウモロコシです。

甘味種のスウィートコーン、粒が小さく熱を加えて食べる爆裂種のポップコーン、コーンスターチなど加工用にもなる硬粒種のフリントコーン、飼料や工業原料に利用される馬歯種《ばし》のデントコーンに分けられます。果実は黄色のもの、白いもの、黄色と白のバイカラー、黒いもの、赤紫のもの、これらがいろいろ混ざったものがあります。

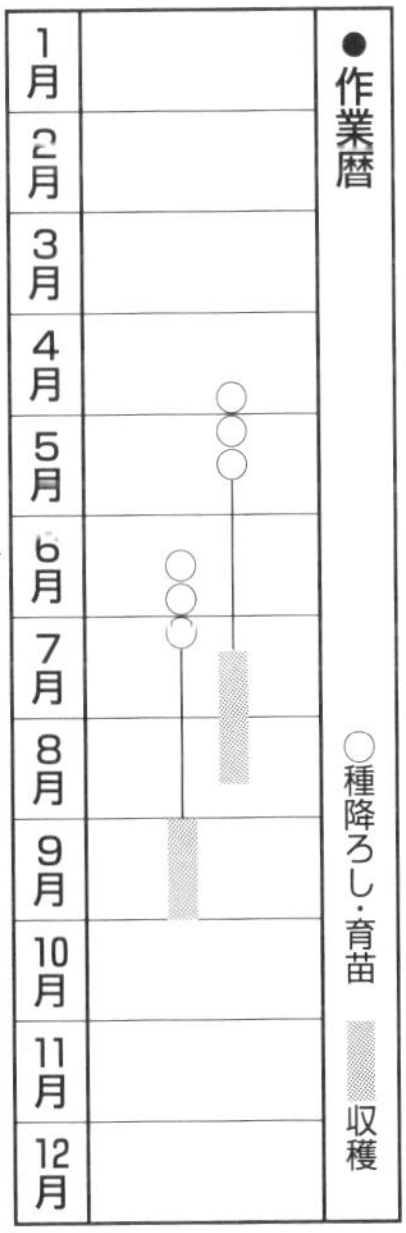

日本では一六世紀から栽培されてきましたが、初めは甘味の少ない硬粒種でした。甘味の強いスウィートコーンは、二〇世紀になってからアメリカで育成されて、日本では明治から北海道で栽培され昭和三〇年以降に急速に普及しました。

近年では遺伝子組み替えのものが多くなっており、交配させないで自家採種していくことがより大切になってきました。

イネ科の野菜は他にはなく、上手に輪作の中に取り入れたい作物です。イネ科のものはしっかりと根を伸ばし、畑の状態もよくなります。

おすすめの品種

固定種のモチットコーン（自然農法国際研究開発センター）、ポップコーンがおすすめです。みずから育てたポップコーンが、フライパンでパンパンとでき上がって食べるのはとても楽しいです。

育て方のポイント

種降ろし　播種《はしゅ》適期は四～五月上旬、六月にも種降ろしができます。株間三〇cm、条間六〇cmに一ヶ所二～三粒ずつ点まきします。一列に植えるよりも、数列植えにして密生させたほうが受粉しやすく、実入りがよくなります。

種を降ろす場所の草を刈り、土を出しますが、その面積は最小限にとどめ、まわりは草を刈らずそのまま残しておきます。種を降ろす場所に宿根性の大きな根が残っていたら、場所を少しずらすか、鎌を土に差し込み、根を切って取り除きます。

指先で深さ一～二cmの種を置く穴をつくり、そこに種を降ろし、土を戻し手のひらで押さえます。種と種の間を三～五cmとります。土を裸にしないように草をかけます。発芽の妨げになる大きな草は除きます。種を降ろした直後、鳥に食べられることが多いような場所では、少し深めに種を降ろしたり、木の枝やネットなどで防いだり、ポット育苗などで被害を少なくします。

発芽　種を降ろして八日前後で発芽します。

間引き　草丈が一〇～一五cmくらいに育った頃に間引きをし、元気なものを一本残します。

生長　倒伏しそうなときは紐を張ったり、草を寄せておきます。しっかり根が張っていれば、横に曲がりながらも上に伸びていきます。

鳥や動物に狙われることがあり、そのときは果実にネットをかぶせ防ぎます。ときどきアワノメイガの幼虫が、茎や果実に入ることがあります。

分けつして腋芽が出てきます。そのままにしておくと実つきが悪くなると言われ、かきとりますが、かきとらないほうが受粉を助け倒伏しにくくなるのではないかと思い、そのままにしています。

頂上部に雄穂、葉腋《ようえき》に雌穂が着生し、開花すると風にのって自然に受粉がおこなわれます。受精前の雌穂は摘み取って、ヤングコーンとして柔らかい食感でスープや炒めものなどに利用できます。

収穫　四月、五月上旬まきで七、八月、六月まきでは九月が収穫期です。雌穂のひげが出て二五日前後、白いひげが濃い茶色になってきたら収穫です。先端の皮を試しむきし、粒がしっかり色づいてふくらんでいることを確認してください。

収穫したら早めに調理します。常温では収穫して五～六時間で糖分がデンプンに変わり、甘味が減り始め、二四時間で半減します。時間がたつほどに甘みが減ります。初めてトウモロコシを栽培したとき、おいしさを味わいたくて収穫の前に先に鍋でお湯を沸かしておいて収穫したてを食べました。みずから栽培するからできることでもあります。

収穫が遅くなったものは実がしっかりして固くなりますが、歯ごたえがあり、違ったおいしさを味わうことができます。

ポップコーンは実がしっかり固くなるまで畑に置き、熟させてから収穫します。

開花期。受粉がおこなわれる

収穫期の実（モチットコーン）

種採りのコツ

しっかり実の入ったものを外側の皮、株全体が緑から枯れた色になり、果実が硬くなるまで畑に置いておきます。

収穫したら、乾燥して保管します。とくに種を採る場合、他の品種と交雑しないように同一品種をひとかたまりで育てます。風によって受粉し、交配しやすいので、近くで違う品種のトウモロコシを栽培していないことを確認してください。

果菜類

オクラ

素顔と栽培特性

暑さに強いアフリカ原産のアオイ科の果菜です。実のなる前の黄色い花が、とても大きくきれいです。タンポポの根と同じように、種はコーヒーの代用になるようです。

カラ梅雨に加え、暑さがとても厳しい夏の年、ナスやピーマンなど実がなかなかつかなかったなかでも、オクラとモロヘイヤは元気に育ち、暑さや少雨でも大丈夫なことを実感しました。

莢《さや》の形が、五角形のものと丸い形のものがあります。また、色は緑の他に赤いオクラもあります。五角のものは採り遅れると繊維が固くなって食べられなくなりますが、丸莢のものはかなり長く大きくなっても食べられます。丸莢の品種のほうが、草丈が高くなります。

そのままでもおいしいですが、たたいて粘りが出たものにおかかと醤油をかけたシンプル丼などは、夏に欠かせない一品です。

●作業暦

1月	
2月	
3月	
4月	
5月	○
6月	○
7月	
8月	▒
9月	▒
10月	▒
11月	
12月	

○種降ろし・育苗　▒収穫

おすすめの品種

丸莢のエメラルド、八丈オクラ、琉球（島）オクラは、採り遅れの心配がないのでおすすめです。五角オクラは切ったときの形がきれいで歯ごたえがよいこともあり、育てています。

育て方のポイント

種降ろし・間引き　点まきが一般的ですが、わたしは条間七〇cm前後とって、すじまきで種を降ろし

五角形の実（五角オクラ）

丸莢の実（エメラルド）

ています。暑さとともに育ちますので、種を降ろした頃は生長がゆっくりで、また、直根性で根を伸ばすのもじっくりなので、生育途中で虫に食べられてしまうことも多く、五cmくらいの種間で一条のすじに種を降ろし、虫などに自然に間引かれた後、最終的に育っている株の姿を見て株間二〇～四〇cm一本にします。

発芽　種を降ろしてから、六日から一〇日くらいで発芽します。

収穫　固くならないうちに収穫します。とくに五

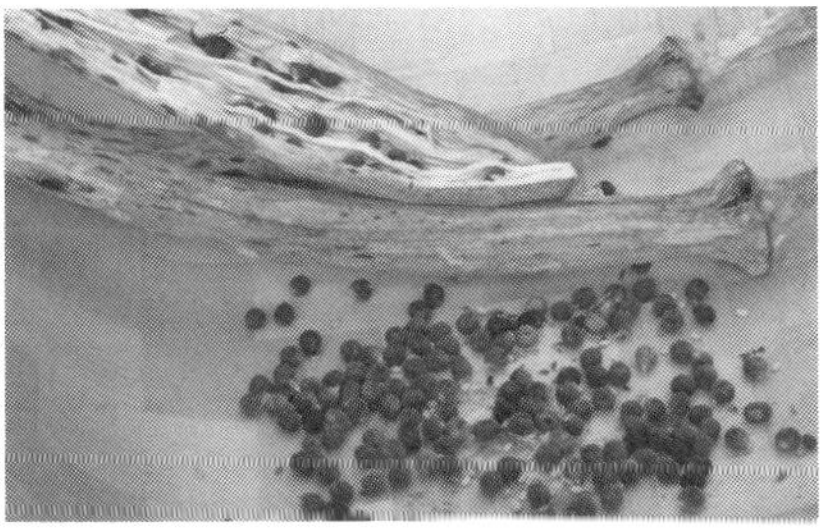
莢を割り、種を取り出す（八丈オクラ）

種降ろしの場所。草を刈り、土を出す

オクラのつくり方

種降ろし

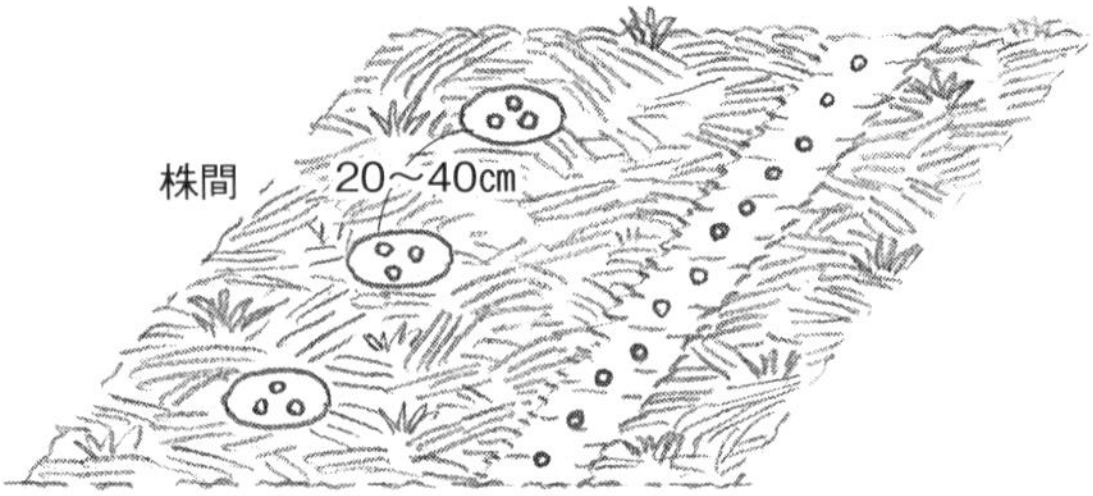

点まき、または、すじまきで

収穫

果実が固くならないうちに
鋏で切って収穫します

間引き

元気なもの1ヶ所(20〜40cm)
1株に間引きます

莢の断面

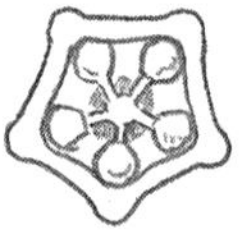

五角形

円形

収穫最盛期のオクラ畑。株元周辺には敷き草がある

角オクラは大きくなると固く食べられなくなるので、採り遅れに注意します。採り遅れてさわってみて固くなっているようでしたら収穫せず、種用にそのまま熟させてもよいです。

風通しや日当たりのことを考え、果実の収穫のときに一緒に下葉を切り落としていましたが、今は果実だけ収穫し、下葉はそのままにしています。必要あれば自然に下葉も落ちるようです。

種採りのコツ

緑から茶色にカサカサになり、亀裂が出始めてきた状態の莢を切り取って収穫します。その莢を手で割って丸々と太った種を取り出し、ボールなどに入れてよく乾燥させ、紙袋などに入れて保管します。

果菜類

イチゴ

素顔と栽培特性

北アメリカ原産のバラ科の多年性の果菜です。別名がオランダイチゴです。ハウス栽培がほとんどで一年中、店頭で見かけますが、露地での旬は五月から六月です。最近ではアイベリーや章姫《あきひめ》といった大粒で甘い品種が多く出回っています。果樹を植えることはできなくても、イチゴやスイカなどの果菜類があると、とても豊かな気持ちになれます。一株を一年後には十数株に増やすことができるので、一～二株からでも栽培してみたい作物です。

おすすめの品種

宝交《ほうこう》早生、女蜂《にょほう》、四季成り性品種など。

作業暦

1月		
2月		
3月		
4月		△
5月	▒	△ ▒
6月	▒	▒
7月		
8月		
9月		
10月	△△	△△
11月		
12月		

△植えつけ　▒収穫

育て方のポイント

植えつけ　イチゴを栽培する場合、最初は苗を購入するか、栽培している方から子株を分けてもらって植えつけることから始まります。苗の植えつけの時期は、春は四月頃、秋は一〇月から一一月上旬です。

収穫　五月から六月にかけて収穫となります。赤く熟したものから摘み取ります。

生長・移植　収穫を終えた株が親株となり、ランナー（地面を這うようにして生長する茎）が出て子株が次々と何株もできます。ランナーが出て、子株が土の中に根を伸ばせるように、そのまわりを除草します。

子株の発生時期は草の生育が旺盛な時期なので、

花につくナミハナアブ

イチゴの実を収穫

子株の根が草に埋もれることもなく活着できるように草に対処します。

一〇月から一一月上旬に、親株から誕生したランナーを切り離して一株ずつ植えつけます。子株の親株側をランナー二～三cm残して、反対側を根際で鋏で切り離して、株間二五～三〇cm、条間四〇cmを目安に植え替えます。つけたランナーは土の中に入れ、芽は土の上に出して植えつけます。

寒さとともに葉が紅葉し、芽先だけ残して葉は枯れ、まわりの草々とともに冬を越します。自然農の畑では霜が降りる冬の間、作物は草に守られるように育っています。

三月、暖かさとともに生長し始め、四月に花が咲き、五月から六月にかけて実を結びます。草に埋もれてしまわないように対処しますが、草々の中で育つと雨による土のはね返りもなく、土に直接触れないので果実は傷みにくいです。

果実が赤く熟すと鳥などに見つかりやすくなるので、鳥や動物よけの工夫をします。

葉茎菜類

ハクサイ

素顔と栽培特性

トルコ付近か中国が原産と言われ、チンゲンサイとカブが交配し、中国で育ったアブラナ科の仲間で結球したものを食べます。日本に渡ってきたのは、江戸時代末期です。

品種によっては完全結球しない半結球の白菜、タケノコ白菜、ちりめん白菜などがあります。生育期間が、六〇日くらいの早生から九〇日くらいの晩生まであり、晩生のものほど生育期間が長く大型に育ちます。最近では、食べ切りサイズで生育期間が五〇日くらいのミニ白菜などもあります。

しっかり結球させるには、地力のある畑を選ぶこと、まき遅れないことがポイントです。また、まき遅れたときは早生の品種を選び、寒くなるまでに結球に至るようにしますが、結球に至らなかったものは、開いたままの青菜としてシャキシャキとしたおいしさを味わうことにします。

収穫せずに春を迎えたものは、トウが立ってきますので、蕾を菜の花として食します。ハクサイの菜の花は、とても甘くおいしいです。わたしはこのハクサイの菜の花を食べたくて菜の花用に必ず残しています。

地力がまだない畑で育てるときや、まき遅れたときは、無理に結球をするものを選ばず、ちりめん白菜を育てます。

●作業暦

1月	
2月	
3月	菜の花
4月	
5月	
6月	
7月	
8月	○
9月	○○
10月	
11月	
12月	収穫

○種降ろし・育苗　▒収穫

おすすめの品種

早生の愛知白菜、野崎早生、松島新二号、晩生の

京都三号白菜、加賀結球白菜、半結球のちりめん白菜がおすすめです。

育て方のポイント

種降ろし　結球させるためにはまき遅れないことがポイントで、晩生のものは八月下旬から九月上旬くらいまでに、早生のものは九月上旬から中旬くらいまでに、半結球のものは九月から一〇月中旬頃までが種降ろしの時期です。この種降ろしの時期はコオロギ、バッタの活動の時期で、幼いときに食べつくされないように工夫が必要です。

直まきでは点まき、すじまきを、また、ポットで育苗して虫の活動が治まった頃、畑に植えつける方法があります。点まきの場合、株間四〇〜五〇㎝、条間六〇㎝に一ヶ所四〜一〇粒ずつ、すじまきの場合は条間六〇㎝で、鍬幅に二条すじまきにします。ポット育苗の場合、二〜三粒まき、植えつけまでに一株にします。

わたしは最初点まきしていましたが、発芽して双葉の頃食べられてしまうことが多く、ある年は数百

半結球のちりめん白菜

収穫期の京都三号白菜

本葉が出はじめる（京都三号白菜）

株分種を降ろして残ったものが数株ということがあり、ポット育苗に変えました。その後、他の葉物と同じように二条すじまきのやり方に変え、現在もそのようにしています。すじまきは種の量は多く必要ですが、間引き菜が長期にわたり、たくさん収穫でき、重宝します。ハクサイの間引き菜は葉がしっかりとしていてとてもおいしいです。

発芽　発芽まで種を降ろして二〜三日です。

間引き　点まきしたものは徐々に間引き、虫に食べられる心配がなくなった頃、元気なものを一株にします。すじまきの場合は、育ち具合を見て徐々に混み合ったところを間引き、元気そうなものに目星をつけて、最終的に株間四〇〜五〇cmに一株になるように間引いていきます。

植えつけ　ポットで育苗したものは、見ていてもう植えつけてくれと言わんばかりに育った本葉四〜五枚になった頃に株間四〇〜五〇cm、条間六〇cmを基本に植えつけます。

ハクサイ畑（京都三号白菜）

混み入ったところを間引く（京都三号白菜）

収穫　早生のもので一二月頃、晩生のもので一二月から翌年の二月にかけて結球したものを収穫します。霜が降り始める頃に結球がゆるいとき、しっかりと結球させたいときは、頭をわらや麻紐などでしばります。結球しなかったものは、青菜として冬の間じゅう収穫します。最後はトウ立ちした菜の花として収穫します。間引き菜から菜の花までハクサイは形を変え楽しめます。

春にトウ立ちするまで畑から新鮮なものが収穫できますが、キャベツ同様、結球したものは収穫しても、そのまま涼しいところに置いて保存ができる葉物です。

ハクサイの生育（ちりめん白菜）

種採りのコツ

宮城県には、ハクサイの種を採るために他のものと交雑しないように同じ品種のハクサイだけを栽培している小島がある、と新聞記事で読んだことがあります。

ハクサイは同じアブラナ科のコマツナ、サントウサイ、カブなどとよく交雑してしまうので、花の時期に近くにないことが種採りには必要です。また、近くにある場合は網をかけて、交雑しないように防ぎます。交雑は主に虫によりますが、なかには風によって起こる場合もあります。結球したなかからトウが立ち、花が咲きます。淡く褐色になったら株元から刈り取り、乾燥させます。莢から脱粒して乾燥させ、保管します。

メモ

菜の花が咲き、自然にこぼれた種が次の秋に自然に発芽するものが多くあります。ちょうどよく発芽して、しっかりと結球した姿を見ると、自分の栽培はここに近づけていけばいいのだなということを教えてくれます。

葉茎菜類

キャベツ

素顔と栽培特性

葉物類の多くはアブラナ科（十字花科、ナタネ科）のものですが、キャベツも地中海沿岸が原産のアブラナ科の葉菜です。日本に渡ってきたのは、江戸時代末期です。

別名甘藍《かんらん》、タマナ。春まき、夏まき、秋まきと冬を除いて種が降ろせ、品種も四季穫りなどがあり年間を通して栽培されています。たくさんの品種がありますので、それぞれの時期に合った品種を選びます。品種によって扁円球のもの、甲高の球状のもの、赤キャベツ、小さな球がたくさんできる芽キャベツなどがあります。

寒さには比較的強く、春と秋に活動し、葉を食べる夜盗蛾《よとうが》の幼虫のヨトウムシ、春から秋に活動し葉を食べる蝶々の幼虫のアオムシのことなどを考えると、秋まき春穫りが一番育てやすい時期です。

●作業暦

○種降ろし・育苗　△植えつけ　▒収穫

1月	
2月	
3月	
4月	▒
5月	▒
6月	▒
7月	
8月	
9月	○○
10月	○
11月	△△
12月	△

おすすめの品種

わたしは秋まきには固定種の富士早生、その他の時期では四季穫りという品種を育てています。

育て方のポイント

畑の準備　葉物の中では収穫までの期間が八ヶ月から九ヶ月とくに長く、白菜と同様しっかりと結球するには、草が元気な地力のある畑を選びます。

種降ろし　直まき、育苗どちらでも栽培できます。直まきの場合、株間四〇㎝、条間六〇㎝を基本に一ヶ所数粒ずつ種を降ろします。数列育てる場合

収穫間近の四季穫り

結球しはじめる(四季穫り)

は、互い違いの千鳥足状にします。

苗床と育苗　育苗する場合は、ポットでもよいのですが、畑の一画に苗床をつくり、ばらまき、またはすじまきして育苗します。育ち方を見て混みあっているところ、見ていて窮屈そうに感じるところを間引きます。葉が黄色くなってしまうようでしたら、米ぬかなどを補います。

発芽　直まき、育苗のどちらでも、種を降ろして四〜五日くらいで発芽します。

間引き　直まきをした場合、本葉が三〜四枚になった頃、しっかり育った一本を残し、間引きます。

植えつけ　育苗したものは、あわてずにポット、苗床でしっかり育った頃、本葉五〜七枚くらいになったらおこないます。直まきと同様に株間四〇cmを基本にします。草をかきわけ、土を出して植えつけしますが、宿根性の大きな根があれば場所をずらすか、鎌を土に差し根を切って取り除きます。

生長　冬の間、地上部は大きな動きは見られず、しっかり根を張り、冬が終わりになる頃から葉の数を増やしていきます。

畑の一画を利用した苗床（富士早生）

収穫期を迎える（富士早生）

収穫　秋まき春穫りのものは、手で上から押してみて硬くしっかりと結球した五月から六月が収穫期です。結球したものから順に収穫していきます。自然農での栽培や固定種は、他の栽培や交配種に比べ、育ち方が一様でないことが多く、このことが利点となり、長期にわたって収穫をすることができます。計画生産や一斉収穫には不都合なことになりますが、自給用にはとくに適しています。

畑の上をモンシロチョウが乱舞していると、その下のキャベツに卵を産み、卵から孵《かえ》ったアオムシが葉を食べている姿を発見できます。食べ跡に、夜中に活動するヨトウムシのフンを見つけることもあります。ぐんぐん生長していれば、次々と葉が育ち、多少食べられても大丈夫です。

活動は一時的ですが、ちょうど収穫期と重なり、外葉だけでなく、結球したところもどんどん食べられてしまうようであれば、手で捕殺します。見た感じで弱々しい株は食されるとダメージが大きいので、やはり苗を丈夫に育てること、適した畑を選ぶことが大切です。

種採りのコツ

同じアブラナ科のカリフラワー、ブロッコリー、芽キャベツ、プチベール、コールラビー、ケール、観賞用の葉ボタンと交雑の可能性があるので、花の時期に、これらの作物が近くにないことを確認します。結球したものからトウが立ち、花が咲き、株全体が褐色になってきたら茎を株元から刈り、乾燥させます。莢から種を取り、乾燥させ、保管します。

キャベツのつくり方

種降ろし

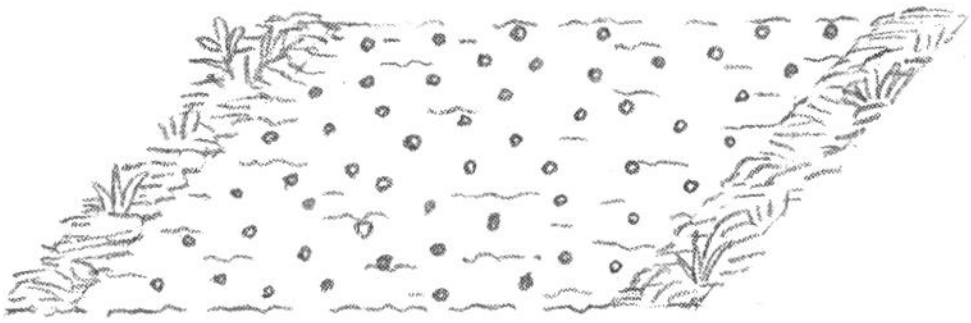

畑の一画を苗床にし
全面にばらまき育苗します

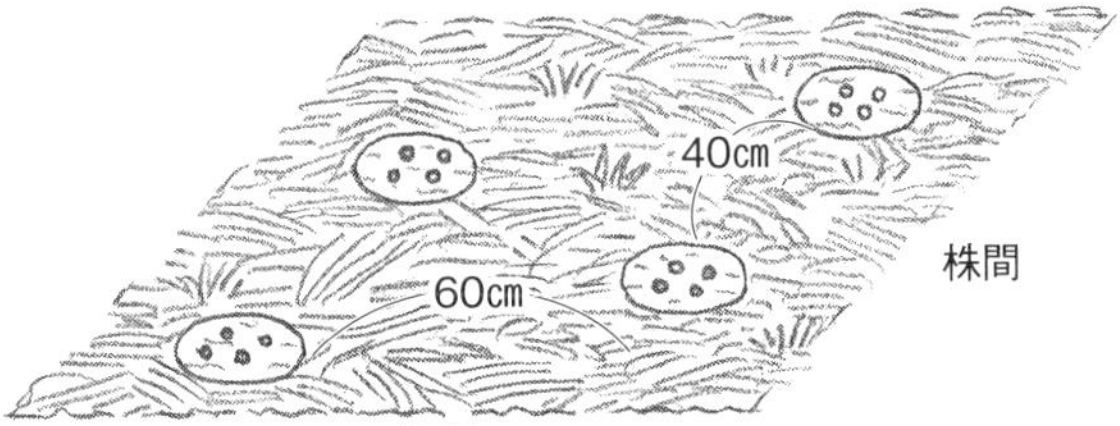

育苗せず、直まきしてもよいです。
2列以上のときは千鳥足状にします

植えつけ

育苗したものは、本葉5～7
枚になった頃、植えつけます

生長

冬の終わり頃から葉の
数を増やし、結球開始

収穫

しっかりと結球したものから、
収穫します

葉茎菜類

カリフラワー

素顔と栽培特性

アブラナ科に属し、ブロッコリーと同じく葉ではなく蕾を食べる野菜です。江戸時代末期から明治時代に日本に渡ってきました。

別名は花甘藍《はなかんらん》、花椰菜《はなやさい》、花キャベツ。一般的に白ですが、最近では紫やオレンジ色のものもあります。

七～八月に種を降ろし、晩秋から冬に収穫します。ブロッコリーと違い、キャベツのように一株一個の収穫です。コリコリとしっかりした歯ごたえの食感があります。

結球するわけではありませんが、それなりの大きさにするためには、草が元気に育っている地力のある場所を選んで育てます。

●作業暦　○種降ろし・育苗　△植えつけ　▒収穫

1月	
2月	
3月	
4月	
5月	
6月	
7月	○○
8月	○—△
9月	△△—
10月	—
11月	▒
12月	▒

おすすめの品種

固定在来種では、野崎早生などがおすすめです。

育て方のポイント

種降ろし・苗床と育苗　畑の一画を苗床として育苗、またはポットで育苗します。苗床では、キャベツやブロッコリーと同じように苗床全面にばらまき、または数列にすじまきで、種間を数cmあけます。様子を見て混みあっているところ、窮屈そうに感じるところは間引き、または移植します。ポットで育苗の場合、一～二粒種を降ろし、植えつけまでに一株にします。

発芽　種を降ろして三～四日で発芽します。

植えつけ　本葉五～六枚になったら、植えつけます。株間四〇～五〇㎝、条間六〇㎝を基本にします。数列育てる場合は、互い違いの千鳥足状にします。苗床からの植えつけは、根に土をつけた状態でおこないます。

収穫　蕾がきれいに白くなった頃が収穫期です。

収穫期のカリフラワー

蕾が白っぽくなり、収穫間近

穫り遅れると蕾が開き始め、徐々に茶色になってきます。

種採りのコツ

キャベツ、ブロッコリーと同様の要領でおこないます。

葉茎菜類

ブロッコリー

素顔と栽培特性

キャベツと同じアブラナ科ですが、葉を食べるのではなく、蕾を収穫します。ヨーロッパが原産ですが、アメリカで発達した野菜です。

頂花蕾の収穫を目的とするもの、頂花蕾、側花蕾両方の収穫を目的とする品種があります。頂花蕾専用のものは、頂花蕾を収穫すると終わりですが、頂花蕾、側花蕾兼用のものは、頂花蕾を収穫したあと、次々と側花蕾が収穫でき、長期間にわたります。

端境期の三月から四月にも収穫でき、とても重宝します。頂花蕾どり、頂花蕾、側花蕾兼用、早生、中早生、中生、中晩生、晩生、定植後収穫まで五〇日、八〇日など細々《こまごま》と種の袋に記載されていますので、その目的に沿った品種を選びます。春まきもありますが、夏に種を降ろし、秋から翌春にかけて収穫するのが一般的です。

●作業暦

○種降ろし・育苗　△植えつけ　▒収穫

1月	▒
2月	▒
3月	▒
4月	▒
5月	
6月	
7月	○○
8月	○△
9月	△△
10月	─
11月	─
12月	▒

おすすめの品種

販売されているほとんどの種が交配種で、固定種でおすすめのものがドシコなどです。

育て方のポイント

種降ろし・苗床と育苗　草が元気で暑さの厳しい時期に種降ろしとなりますので、わたしは育苗してから植えつけています。

畑の一画を苗床として育苗する場合と、ポット育苗する場合があります。苗床はキャベツと同じように苗床全体にばらまき、または何列かのすじまきに

生育期（グリーンビューティー）

育苗（グリーンビューティー）

頂花蕾の収穫（グリーンビューティー）

本葉５～６枚の頃、植えつける

します。種と種の間の種間は、狭すぎないように数cmずつとります。

種間が狭いと徒長したり、早い時期から間引き作業をすることになります。また、広すぎるとポッンポッンと育っている姿になり、草に負けやすくなったり、草取りに追われることにもなります。ほどよい距離で種降ろしができれば、ブロッコリー同士が競い、助けあい、支えあいながら育っていきます。徒長しない距離を保ちながら集団でいれば、草に負けずに丈夫な苗を育てることができます。

育ち具合を見ながら、混み合って窮屈そうであれば、間引きをします。苗の本数が少なくなってしまうようでしたら、間引きをせずに移植して活かします。ポット育苗した場合は、一～二粒ずつ種を降ろし、植えつけまでに一本にします。

苗床やポットの上を蝶々が飛びかっているようであれば、卵が産みつけられ、幼虫が葉を食べることが考えられます。食べられた跡を見つけたら、葉を点検して捕殺します。多少葉を食べられても時間がたてば葉は復活しますので、それほど神経質になる必要はありません。基本は、虫は虫にまかせ、作物の生きる力を待ちます。

植えつけ　本葉五～六枚になった頃、株間五〇～六〇cmを基本に植えつけます。キャベツと同じように二列以上育てるときは、互い違いの千鳥足状になるように植えつけます。苗床からの植えつけは移植ゴテ、鍬、スコップなどを利用して根に土をつけた状態でおこないます。

生長　生育途中では虫の他に、とくに冬から春にかけて緑のものが少なくなると鳥に食べられることもあります。鳥よけの糸やテープなどを張って防ぎますが、あまりにも被害がすごいときはネットなどで全体を覆うこともあります。

鳥は虫を食べたり畑を肥やすこともしてくれますが、まわりに食べるものが少なくて集中してくるようでしたら一時的にこのような方法で防ぎます。ウサギなどの小動物に食べられてしまうこともあり、このようなときもネットで囲いをして一時的に防ぎます。

収穫　早生から晩生まで品種によって、収穫の時期には幅があります。自然農では、カタログや種の袋などに書かれている日数より収穫までの日数がかかることが多いです。まん中の頂花蕾がぷっくりとふくらんだら、収穫です。

頂花、側花兼用の品種は頂花蕾収穫のあと、次々に伸びてくる側枝につく側花蕾を収穫します。自然農で頂花蕾の収穫に時間がかかっても、そのあとの側花蕾の収穫は長期にわたり、寿命が長いです。取り残した蕾は伸びて、そのあと淡い黄色の花が咲きます。

種採りのコツ

頂花蕾は食用とし、採種用には側花蕾を利用します。キャベツと同じ要領でおこないます。

ブロッコリーのつくり方

種降ろし

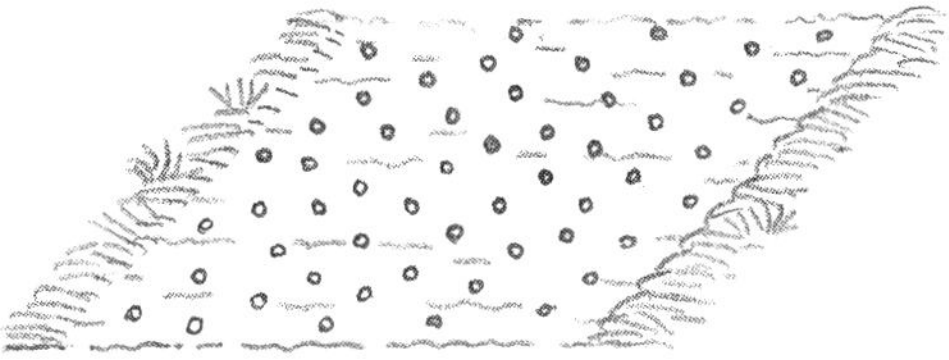

畑の一画を苗床にして全面に

または
育苗ポットに
種を降ろします

植えつけ

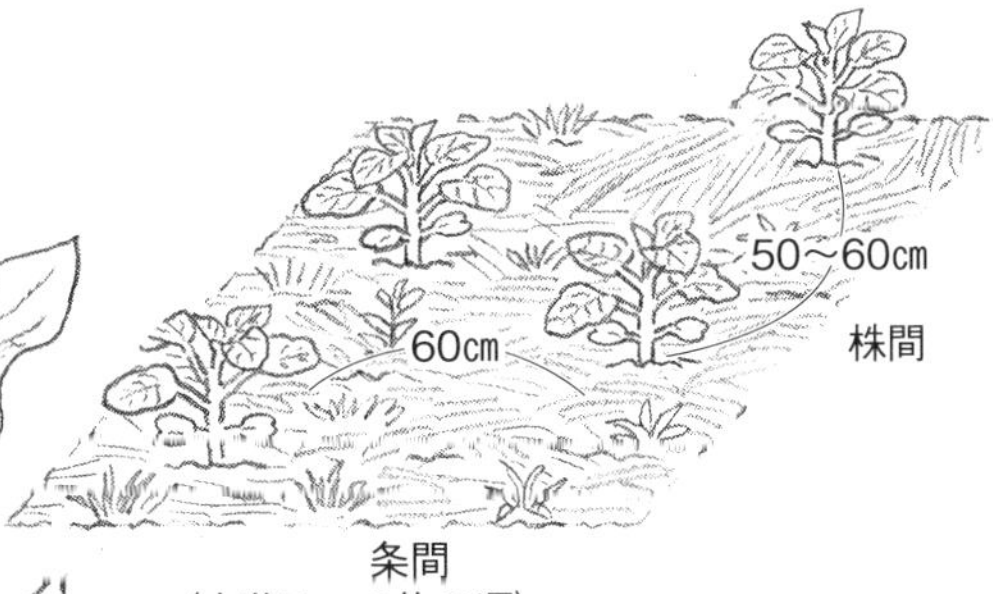

〈本葉5 〜 6枚の頃〉
2列以上のときは、互い違いの千鳥足状に植えつけをします

生長

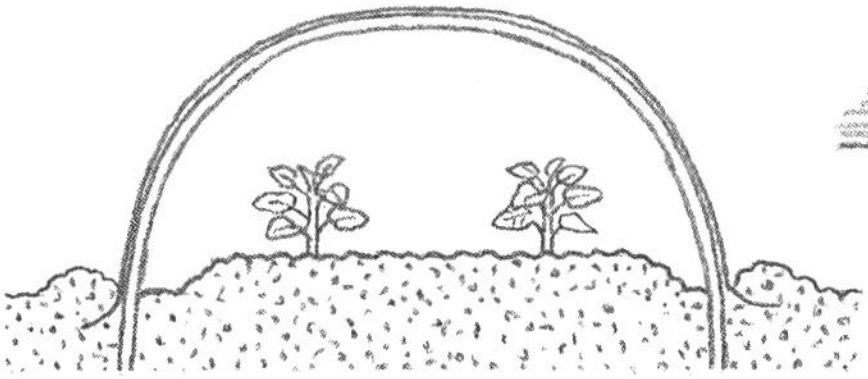

生育途中で鳥害、虫害が多い場合、ネットで覆ったり、テープや糸を張ったりします

収穫

まん中の花蕾がぷっくりと大きくなったら鋏や鎌を使って収穫します。
その後、側花蕾ができたら収穫します。側花蕾は手で倒すとポキッと折れ、収穫できます

葉茎菜類

ミズナ

素顔と栽培特性

アブラナ科の葉菜です。葉茎が細長く、数が多い千筋《せんすじ》京水菜と、葉茎が広い広茎京菜があります。千筋京水菜は京野菜の一種で、広茎京菜は関東地方で育種されたようです。最近は春まきの品種、サラダ用などの品種が出ています。

一般的には秋まき冬どりです。シャキシャキ感を楽しむサラダ、鍋物、煮浸しなどにします。葉ざわり、食感は、他の葉菜とは違う特徴があります。大株に育ったものは、一株二～三kgにもなります。

秋まきのものはトウ立ちが遅く、翌春の三月頃まで葉物として収穫でき、端境期にとても重宝します。最後はトウ立ちした蕾を、菜の花として食べることができます。ミズナ、ミブナともに寒さには比較的強いですが、寒い冬を乗り切って育ちきれるように適期内に種を降ろし、寒くなる前にしっかりと根を張れるようにします。

●作業暦

1月	
2月	収穫
3月	収穫
4月	
5月	
6月	
7月	
8月	
9月	○種降ろし・育苗
10月	○種降ろし・育苗
11月	
12月	

○種降ろし・育苗　▒収穫

おすすめの品種

晩生千筋京水菜、広茎京菜がおすすめです。

育て方のポイント

種降ろし　九月から一〇月中旬頃までが、最適な種降ろしの時期です。条間五〇～六〇cmで、鍬幅に二条すじまきにします。丸い葉ではなく、葉が細く隣り同士邪魔しあうことが少ないので、ある時期まで密植していても大丈夫です。

発芽　種を降ろして三～五日で発芽します。

生育期(晩生千筋京水菜)

ミズナを収穫(晩生千筋京水菜)

二条すじまきの発芽(晩生千筋京水菜)

間引き　あわてずに育ち具合を見て徐々におこない、最終的に大株にする場合は、株間四〇cmくらいに一株とします。

収穫　間引き菜として順次収穫していきますが、トウ立ちする前の二～三月頃が大株となった収穫期です。寒さから少し暖かさを感じる頃、次々に株元が分けつして、数え切れないほどの葉茎の数になります。

種採りのコツ

同じアブラナ科のカブ、コマツナ、サントウサイなどとよく交雑しますので、花の時期に近くにないことが必要です。コマツナなどと同じ要領でおこないます。

葉茎菜類

ミブナ

素顔と栽培特性

ミズナと同様アブラナ科で、京野菜の一種で細長い丸い葉の形をしています。

京都の地名、壬生《みぶ》から命名されたものです。緑の濃い葉色をしています。京都では漬け物などで食べられており、名産になっていますが、鍋物、煮浸しなど用途は広いです。

秋まき冬どりで育てますが、ミズナよりも少しトウ立ちが遅く、三月まで収穫でき、最後は大株になります。

トウ立ちしたものは、菜の花として蕾を食べることができます。ミズナ同様、端境期に出回る野菜として、とても重宝します。

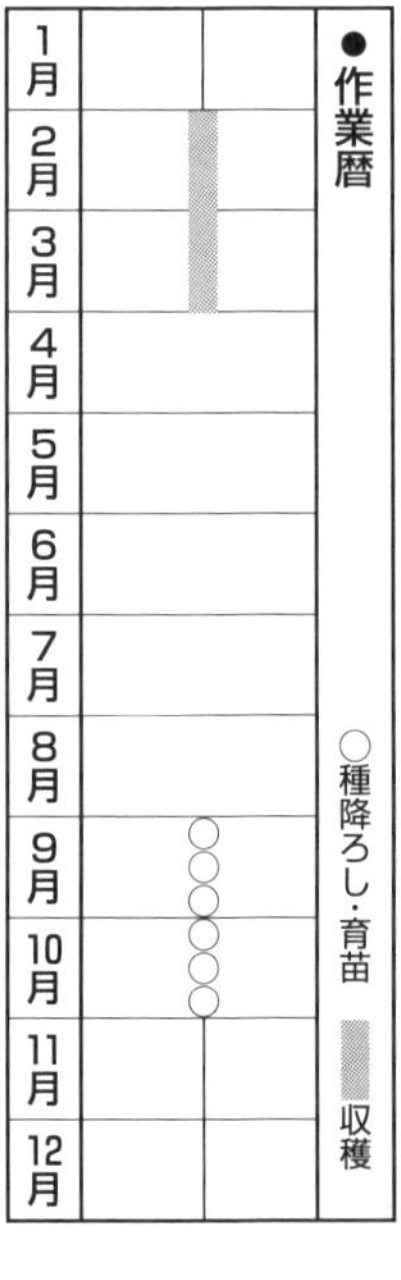

おすすめの品種

固定種の壬生菜として、いろいろな種苗会社から販売されています。参考までに早生京壬生菜、中生京壬生菜、晩生京壬生菜（いずれも野口のタネ）を記します。晩生の壬生菜はトウ立ちが遅く、他の葉物がなくなる頃、収穫できます。

育て方のポイント

種降ろし　ミズナ同様、条間五〇〜六〇㎝、鍬幅に二条すじまきします。

発芽　発芽まで四〜五日です。

間引き　育ち具合を見て、徐々に間引きます。立ち性で葉が細長いので、ある程度密植できます。最終的に大株にする場合は、株間四〇㎝くらいに一株とします。

収穫　秋から冬まで順次間引き菜、そして小株として収穫しますが、最終的には三月が収穫期です。大株になると一株二～三kgとなり、ずっしりと重たいです。

トウ立ち前に収穫

種採りのコツ

ミズナと同様におこないます。

育成期のミブナ

葉茎菜類

菜の花

素顔と栽培特性

アブラナ科のいろいろな葉菜のトウが立って、蕾を菜の花として食することができ、それぞれに味の違いを楽しめますが、その中でも蕾の収穫を目的とする品種があります。

この食用菜の花の他、食用油の原料として、また、江戸時代の灯り用の原料として利用されてきました。

春になると河川敷などでは自生している菜の花、特にカラシナが一斉に花を咲かせ、春の風景です。また、観光用に景観作物として田んぼの裏作などに各地で栽培されています。

●作業暦

月	○種降ろし・育苗	▮収穫
1月		
2月		▮
3月		▮
4月		▮
5月		
6月		
7月		
8月		
9月	○	
10月	○	
11月		
12月		

おすすめの品種

菜の花として蕾の収穫を目的とする品種に茎が太い食用菜の花、中国野菜のサイシン、同じく中国野菜で茎が紅い紅菜苔《コウサイタイ》、トウ立ちが遅く三〜五月の端境期に収穫できる三陸つぼみ菜などがあります。

マスタードの原料となるカラシナは葉菜として利用できますが、トウが立ったカラシナは熱湯をかけて一晩おくと、ツーンとした独特の辛味のある漬け菜となり、おいしいです（次項に詳述）。

蕾専用以外では、わたしはハクサイの菜の花が大好きです。

育て方のポイント

種降ろし　サイシンは春、秋の両方種降ろしでき

独特の辛味のあるカラシナの菜の花

収穫期のハクサイの菜の花

ますが、一般的には秋まきで翌春収穫です。鍬幅すじまき、鍬幅に二条すじまき、一面にばらまき、いずれかで種を降ろします。

とくに三陸つぼみ菜、カラシナは一度栽培していのちをまっとうさせ、自然に種を落とすと、次の年にかなりの数のこぼれ種が発芽します。種降ろしせずに栽培でき、手間いらずです。

発芽　発芽まで三～四日です。

間引き　生長の様子を見ながら間引きをおこない、最終株間を三〇～五〇cmくらいにします。

収穫　トウが立ち始め、蕾ができ始めたら、その下の茎のポキッと手で折れるところから摘み取ります。その後、次々と側枝が伸び、蕾をつけますので同様に収穫します。

種採りのコツ

コマツナやハクサイなどと同様におこないます。

葉茎菜類

カラシナ

素顔と栽培特性

アブラナ科の葉菜です。カラシナの種は名前のとおりからし粉の原料になります。辛みの成分であるニグリンを多く含み、ツーンとした辛みが独特の風味です。

とくに冬、何度か霜に当たってからトウ立ちし始めた蕾と茎を熱湯にさっととおして（決してゆでないこと）ザルに上げます。熱いうちに一・五〜二％の塩をまぶして軽い重しをして、一晩漬けるとツーンとからし風味のよい一夜漬けとなります。

カラシナはとても強く、わたしが畑を始めたときからすでに自生していて、みずから種降ろしをせずに実りをいただいています。

●作業暦

月	収穫	種降ろし・育苗
1月	■	
2月	■	
3月	■ 菜の花	
4月		
5月		
6月		
7月		
8月		
9月		○
10月	■	○
11月	■	
12月	■	

○種降ろし・育苗　■収穫

葉幅は狭く、深い切れ込みがあり、濃緑色。全体に毛茸《もうじ》（葉の表面の細かい毛）に包まれています。

おすすめの品種

地域の在来種、育成種など。葉カラシナ、黄カラシナ、山潮菜《やましおな》などの品種群があります。

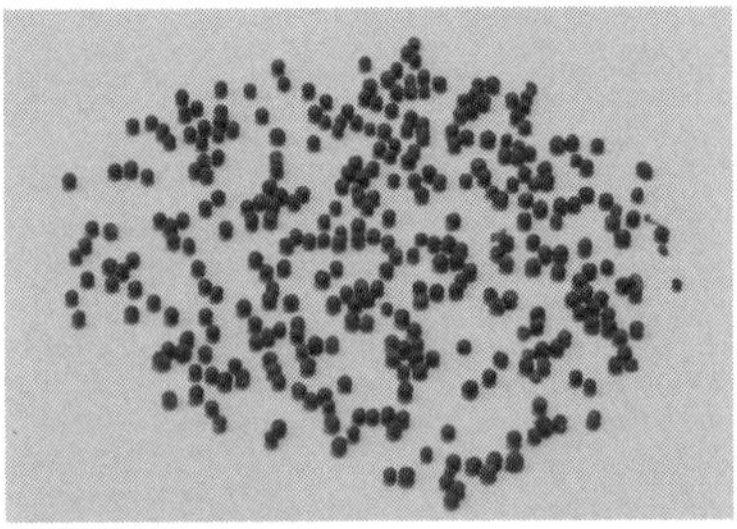

カラシナ類の種

トウ立ち直前のカラシナ

すでに畑に自生しており、自然発芽を繰り返すカラシナ

育て方のポイント

種降ろし　秋まきです。条間五〇cm、鍬幅にすじばらまき、二条すじまき、または一面にばらまきします。

発芽　種を降ろすと、数日で発芽します。

収穫　間引き収穫をして葉物として食べ、大きな株を残して霜に何度か当たったあと、トウ立ちさせた蕾と茎を摘みとり、収穫します。

種採りのコツ

菜の花が咲いて莢が薄い茶色になって、カラカラになったところを採種します。たくさんの種がつきますので、そのまま落ちるにまかせておいても、次の年に自然発芽しますので、それを利用してもよいでしょう。

わたしは採種、保管して種降ろしという手間を省いて、落ちる種を自然にまかせて、次の年に自然発芽したものを育てています。何年も同じ畑で育っていますが、連作障害もなく元気です。

葉茎菜類

サントウサイ

素顔と栽培特性

アブラナ科の葉菜です。ハクサイの仲間ですが、結球はしません。色は淡い黄緑色で、とても生育が早く、幼い時期から間引き、収穫ができます。丸い形の丸葉山東菜、ちりめん状のべか山東菜などがあります。

おすすめの品種

丸葉山東菜、東京べか菜、半結球山東菜など。

育て方のポイント

種降ろし　条間五〇cmで鍬幅にすじばらまき、二条すじまきにします。秋まきは一面ばらまきで栽培もできます。

●作業暦

月	○種降ろし・育苗	収穫
1月		■
2月		■
3月	○	
4月	○	
5月	○	■
6月		■
7月		
8月		
9月	○	
10月	○	■
11月		■
12月		■

発芽　種降ろしから三日くらいで発芽します。

収穫　葉物の中では生育が早く、短い時間で収穫を迎えることができます。混み合ったところを間引き収穫をしながら、トウが立つまで収穫できます。日に日に気温が高くなり、日照時間も長くなる春まきは生育が早く、トウ立ちも早いです。日照時間が短くなり、寒さへ向かう秋まきは春に比べ、ゆっくりと育ち、収穫期間も長くなります。

種採りのコツ

同じアブラナ科のコマツナ、ハクサイ、カブ、キョウナなどとよく交雑し、花の時期に近くにないことが必要です。ハクサイなどと同じ要領でおこないます。

葉茎菜類

ベンリナ

素顔と栽培特性

アブラナ科の葉菜でコマツナに似ていますが、少し肉厚で緑の濃い葉菜です。栽培適期が長く、重宝します。

おすすめの品種

べんり菜（タキイ種苗）

育て方のポイント

種降ろし　真夏、真冬を除いて種を降ろすことができます。条間五〇cmで鍬幅に二条すじまきにします。種間数mmから一cmにパラパラとすじ状に降ろしていきます。

●作業暦

1月	
2月	
3月	○
4月	○
5月	収穫
6月	収穫
7月	収穫
8月	
9月	○
10月	○・収穫
11月	収穫
12月	収穫

○種降ろし・育苗　▒収穫

発芽　数日で発芽します。

間引き　育ち具合を見ながら、混み合ったところから間引きます。間引いたものは、間引き菜として食べられますので長い期間、利用できます。

収穫　種を降ろして一ヶ月頃から収穫できます。

二条すじまきで本葉が出はじめる

葉茎菜類

シロナ

素顔と栽培特性

アブラナ科の晩生の葉菜でミズナ、ミブナよりもトウ立ちが遅く、秋まきで翌年の四月頃までトウ立ちせずに収穫できます。

丸くしっかりと肉厚の葉で、三～四月の端境期に収穫できる作物を探すなかで巡り会い、わたしの栽培ローテーションに定着しました。春の端境期に欠かせません。四月しろな、大阪しろなはいずれも同じような形をしていますが、大阪しろなのほうが茎が白いです。

春まきと秋まきができますが、三～四月の端境期に収穫できる葉菜は少なく、その特徴を存分に活かせるのは秋まき春どりです。春まきでもトウ立ちが遅く、他の葉菜よりも収穫期間が長いため、とても重宝します。

おすすめの品種

四月しろな、大阪しろな。

●作業暦

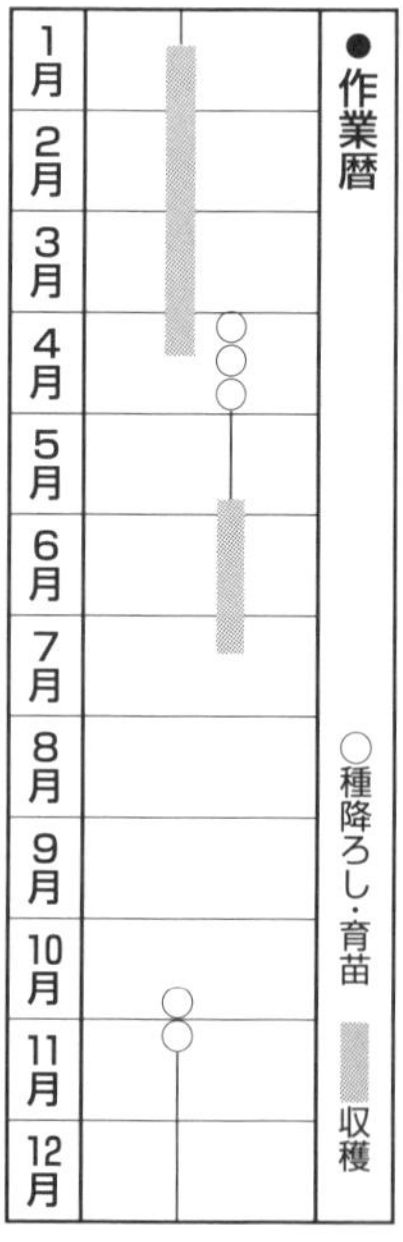

シロナの生育（四月しろな）

間引き収穫を終え、３～４月の収穫期を迎える（四月しろな）

●育て方のポイント

種降ろし　秋まきは、秋が深まる一〇月下旬頃まで種降ろしができます。春まきは四月です。条間五〇～六〇cmで鍬幅に二条すじまきにします。

発芽　発芽まで四～五日です。

間引き　寒さに向かう時期にじっくり育ちますので、あわてず徐々に間引きます。一一～一月の間は、まだ間引きをしなくてもよく、葉が動き始める二月頃からおこないます。最終的には二〇cm前後に一株、葉と葉が触れ合う間隔を保ちます。

収穫　寒さに強く、じっくりゆっくり育ちます。三～四月が最終的な収穫です。他のアブラナ科の菜がどんどんトウ立ちして花を咲かせる頃に、まだトウ立ちをしない姿をしています。おひたし、炒めものなど厳しい冬を越したおいしさです。

●種採りのコツ

ハクサイ、コマツナなどのアブラナ科と同じ要領でおこないます。

葉茎菜類

チンゲンサイ パクチョイ

素顔と栽培特性

中国で栽培化されたアブラナ科の葉菜で葉、茎が緑色のものがチンゲンサイ、葉が緑で茎が白いものがパクチョイと呼ばれています。

日本では中国野菜の代表的なものとしてもっともなじみ深く、人気があります。葉肉が厚く、炒めもの、煮ものなどに利用しますが色あせず、煮くずれしません。

漢字で書くとチンゲンサイは青梗菜。パクチョイは白菜、または白梗菜になります。中国ではハクサイ、タケノコハクサイなどが大白菜、チンゲンサイ、パクチョイ、タアサイなどが小白菜に分類されています。

●作業暦

○種降ろし・育苗　■収穫

1月	■
2月	
3月	
4月	○
5月	○
6月	■
7月	
8月	
9月	○
10月	○
11月	■
12月	■

おすすめの品種

早生チンゲンサイ、中生チンゲンサイ、白茎パクチョイなど。

育て方のポイント

種降ろし　条間五〇〜六〇cm。鍬幅に種間数mmから一cmに、パラパラとすじまきか二条すじまきにします。または株間一五〜二〇cmに、数粒ずつ点まきでも栽培できます。間引き菜が長期にわたって収穫でき、虫や草への対処のこともあって、わたしはすじまきで育てます。

四〜五月の春まき、九月の秋まきのどちらもできますが、秋まきのほうが育てやすいようです。秋まきは生育に時間がかかりますが、じっくり大株に育

チンゲンサイの間引き

ちます。

発芽　数日から一週間で発芽します。

間引き　徒長しないように密植を避けながら、葉と葉が触れ合い、少し重なっているように間引きをしていきます。まき筋がチンゲンサイで覆われているように上手に間引きをしていけば、草抑えの手間もいりません。

収穫　順次、間引き収穫をしながら、最終的にぷっくりと根元が株張りしたものを収穫します。春まきで六月頃、秋まきで翌年三月頃、トウが立ち始めますので、それまでに収穫します。トウが立って蕾ができれば、菜の花としてポキッと手で折れるところで摘み取り、収穫します。

種採りのコツ

コマツナやハクサイなどアブラナ科の葉菜と同様におこないます。

メモ

中国での野菜の消費量のうち、半分はアブラナ科の野菜です。それだけアブラナ科の野菜は、中国の食生活のなかで重要な位置を占めています。

北のほうでは結球ハクサイ、タケノコハクサイ、カブ、南のほうではチンゲンサイ、パクチョイ、南の広州では蕾を食べるサイシン、内陸の雲南ではザーサイのもとになるカランナ、揚子江流域では緑が濃く耐寒性にも優れたタアサイなどがそれぞれ栽培されています。

そのほかにも、茎が紅《あか》く蕾を食べるコウサイタイ(紅菜苔)、タイ料理などにも登場するヒルガオ科のエンサイなどがあります。中国野菜は日本の気候にも合い、栽培しやすいこともあり、料理とともに定着しています。

葉茎菜類

コマツナ

素顔と栽培特性

中国が原産のアブラナ科の葉菜で、関東地方では葉物の代表的なものです。原産地から巡り巡って今の姿となり、東京の小松川で栽培されていたことから「小松菜」と命名されています。

春まき秋まき両方でき、露地では真夏を除き栽培が可能です。早生から晩生まで、葉が丸いものと細長い形のものがあります。

春まきは三〜四月くらいに種を降ろしますが、気温が上昇し、日照時間も日に日に長くなっていく時期で生育が早く、種を降ろして一ヶ月半から二ヶ月で収穫を迎えます。種を厚くまきすぎたり、間引き遅れたり、まわりの草が伸びて影になると徒長気味になり、トウ立ちを早めてしまうので注意します。

秋まきは、寒さへ向かい、日照も日に日に短くなる時期に育ちますので、生育はゆっくりです。収穫までの時間は春まきよりも遅く、収穫期間も長く、適期内に何度かに分けて種降ろしをしたり、品種を選ぶことで長期にわたり収穫が可能です。

●作業暦

○種降ろし・育苗　▒収穫

1月	▒
2月	▒
3月	▒ ○
4月	○
5月	▒
6月	▒
7月	
8月	
9月	○
10月	○
11月	▒
12月	▒

おすすめの品種

丸葉小松菜、秋まきの新晩生小松菜など。

育て方のポイント

種降ろし　春まきは条間五〇cm、鍬幅にすじばらまき、または二条すじまきにします。秋まきも同じようにしますが、秋から冬にかけては草はゆっくり生長し、また、上に伸びる草はないので、一面ばらまきの方法も可能です。夏の草が終わりを迎える頃にばらまきをして、そのあと鎌で草の茎が残らぬようにていねいに刈り、刈った草はかたまらないよう均一に広げておくと覆土しなくても種が落ち着きます。

発芽　種を降ろして三～四日で発芽します。

間引き　混みあったところから間引きます。種間が狭いと徒長しやすくなり、間引き作業の手間も多く必要とします。種降ろしのときに厚過ぎず、薄過ぎず種間の間隔をとることで隣り同士、支えあいながらしっかりと育ち、間引き作業もほどよくおこなうことができます。

収穫　最終的には大きくなったものを収穫しますが、間引き収穫から長期間にわたって食べることができます。自分で育てる場合、幼い間引き菜に始まり、旺盛にぐんぐんと育っている時期、生長した大きなものとコマツナひとつでもさまざまな姿、味を楽しむことができます。トウが立ち始めれば、菜の花も楽しむことができます。葉菜の多くは生長の途中の段階を食べることができ、自分で育てる特権でもあります。

すじまきをした生育期のコマツナ

コマツナの菜の花

種採りのコツ

ハクサイなどと同様に同じアブラナ科のハクサイ、サントウサイ、カブ、キョウナとよく交雑しますので花の時期に近くにないことが必要です。トウが立ち、花が咲き、そのあとはハクサイなどと同じ要領でおこないます。

葉茎菜類

ホウレンソウ

素顔と栽培特性

中央アジア、イラン原産のアカザ科の葉菜です。葉が切れこみ、ギザギザした形の日本種と、葉が丸い西洋種があります。アブラナ科の種と違って葉菜でも、とても大きな種です。日本種は葉のギザギザと同じように種も尖った形で、西洋種は葉と同じく丸い形の種です。

おすすめの品種

在来種の日本ホウレンソウなど。

育て方のポイント

種降ろし　春まき、秋まきのどちらでもできますが、秋まきが育てやすいです。直まきします。条間五〇～六〇cmで鍬幅一五cmくらいにすじばらまき、または二条すじまきにし、種間を二～五cmくらいとります。

●作業暦

1月	収穫
2月	収穫
3月	収穫
4月	
5月	
6月	
7月	
8月	
9月	○
10月	○
11月	収穫
12月	収穫

○種降ろし・育苗　■収穫

発芽　葉物の多くは発芽にばらつきは少なく、ほぼ一斉に発芽しますが、ホウレンソウは同じときに種を降ろしても発芽に時間差があり、五日から二〇日くらいと少しばらつきがあります。

間引き　徒長しそうな混みあったところを間引きますが、種間を二cmとっていれば、ある程度大きくなるまで密植状態でも大丈夫です。徒長はさせずに集団で育っている間隔を保ち、草に負けないように幼いときは足元の草を抜きます。

　自給で利用する場合は、大きくなった株から収穫していけば、次々に控えている株が大きくなってき

発芽する(日本ホウレンソウ)

ホウレンソウの種(川内)

いよいよ収穫期(日本ホウレンソウ)

種降ろしは、二条すじまき

ますので、長期間収穫することができます。

収穫　間引き収穫をしながら、トウ立ちまで収穫が続きます。秋まきのものは、霜にあう頃から葉が厚くなり、うま味を増しておいしくなります。

●種採りのコツ

秋まきのものは、四月に入るとトウが立ち始めます。雄株と雌株があり、先に雄株が開花して花粉の飛散が始まり、続いて雌株が開花し、受粉します。黄化した雌株を株元から刈り、乾かして脱粒します。乾燥させ、保管します。

日本種の種の中には針種といわれる尖った形をしたもの（写真右上参照）があるので、刺さらないように注意します。

葉茎菜類

フダンソウ

素顔と栽培特性

不断草と書きます。南ヨーロッパ原産でホウレンソウと同じアカザ科の葉菜で肉厚でホウレンソウに姿が似ています。

じつは、フダンソウもビートも同種。前者は葉を利用し、後者は肥大する根を利用するのです。

他の葉菜が夏、育つことができない環境でも育ちます。暑さに比較的強い葉菜です。四季いつでもその葉を食用にできるので、この名がついています。

春から秋まで栽培ができますが、暑さに強い特徴を生かし、わたしは他の葉菜が収穫できなくなる夏の時期に育てています。おひたし、炒めものなどに利用。夏、重宝する葉菜です。

●作業暦

1月	
2月	
3月	
4月	
5月	○
6月	○
7月	収穫
8月	収穫
9月	収穫
10月	収穫
11月	収穫
12月	

○種降ろし・育苗　▒収穫

おすすめの品種

うまい菜ほか、地域の在来種、外来種など。

育て方のポイント

種降ろし　葉物の中では大きめの種です。条間五〇cmで鍬幅に二条すじまきにします。大きめの種なので種間を一～二cmとします。

発芽　発芽までに八～九日くらいかかります。発芽に適する温度は二五℃前後です。

間引き　葉と葉が触れ合う距離を保ちながら、混み合ったところから間引きます。

収穫　種を降ろして二ヶ月くらいから、収穫が始まります。

葉茎菜類

九条ネギ

●素顔と栽培特性

ネギは中国西部原産のユリ科の野菜で、日本に渡ってきたのは奈良、平安時代と言われています。ネギは万能ネギに代表される葉ネギと、下仁田《しもにた》ネギ、石倉《いしくら》根深《ねぶか》一本ネギに代表される根深ネギに大別されます。

九条ネギは京野菜の一種で、緑の部分が長く細く分けつが多い葉ネギの九条細ネギと、分けつが数本から一〇本くらいで一本一本が太くなり、白い部分が長くなる九条太ネギがあります。

九条太ネギは葉ネギと根深ネギの両方の特徴を合わせもちます。分けつすることで土寄せの手間をかけなくても、収量が増えます。

春まき、夏まき、秋まきができ、収穫は冬から春です。秋まきの場合は、翌春植え替えして収穫まで一年かかります。また、六月上旬に種採りしてその場で苗床をつくり、育った苗を八月下旬～九月上旬に植えつけると一二月～三月まで収穫できます。

畑の一画に苗床をつくり、育苗し、植え替えをして育てます。ネギの種は寿命が短く、約一年で発芽率が落ちますので、新しい種を用います。シソ、ニンジンなども同様です。夏に種苗店で苗として干《ほし》ネギが販売されますので、それを利用して栽培することもできます。

●おすすめの品種

葉ネギ、根深ネギ両方の特徴をもつ九条太ネギがおすすめです。関東の岩槻《いわつき》ネギは同じような特徴をもつネギです。

育て方のポイント

種降ろし・苗床　畑の一画を苗床とし、全面にばらまき、または鍬幅にすじばらまき、いずれかにします。

種間をあけ過ぎると種と種の間に草が生え、草抑えの手間が増えますので、密になり過ぎず、空け過ぎずの距離、約一～二㎝を保ちます。気持ち厚まきという感じです。

種を降ろし、覆土し、草を戻しますが、土を乾燥させず、そして発芽の邪魔にならないように草をかけます。春まきは三～四月、夏まきは八月、秋まきは九～一〇月が適期です。

発芽　一週間前後で発芽します。

間引き・育苗　育ち具合を見て、混み合っているように感じたら二～三㎝に一株に間引きます。間引き作業をするときに育つ姿があまりかんばしくないと感じられたとき、葉が黄色くなっているようでしたら、米ぬかなどをうっすらと上から振りまいて補います。苗床で草が多く出てきたら、鋏で根元を切り、草抑えをします。

苗床をつくり、鍬幅にすじばらまき

苗床で発芽、生育（九条太ネギ）

植えつけ　細ネギは数本ずつ、太ネギは一本で植えつけをします。条間六〇㎝、株間一五～二〇㎝を基本とします。春まきの場合、六～八月頃、夏まきは一〇月、秋まきは翌年の四～六月頃が植えつけ時期です。

わたしは土寄せをしないで育てることが多く、太ネギの場合、気持ち少し深めに植えつけるようにしています。苗の大きさによりますが、一〇～二〇㎝

九条ネギのつくり方

収穫

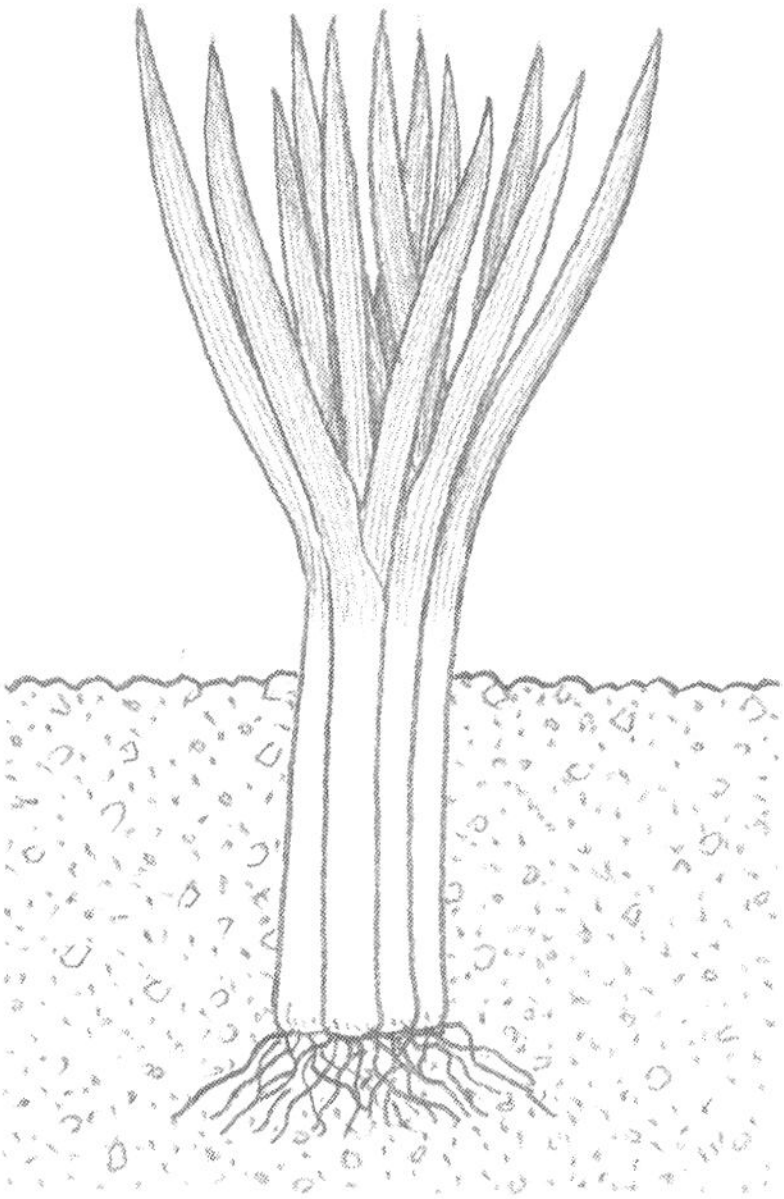

分けつが進み、数本～10本くらいになったものをしっかりと握り引き抜きます

種採り

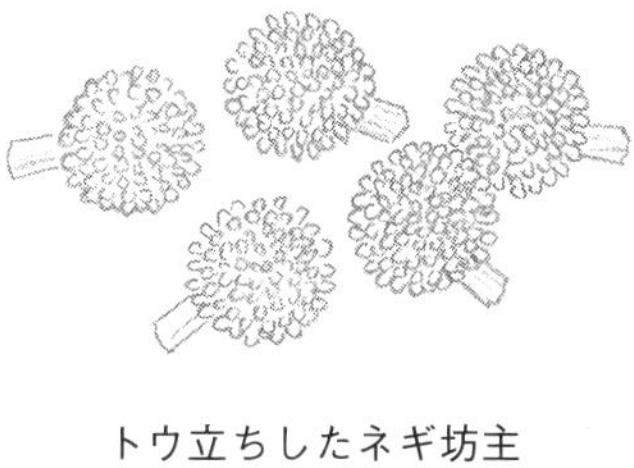

トウ立ちしたネギ坊主を乾燥させ、種を取り出します

種降ろし

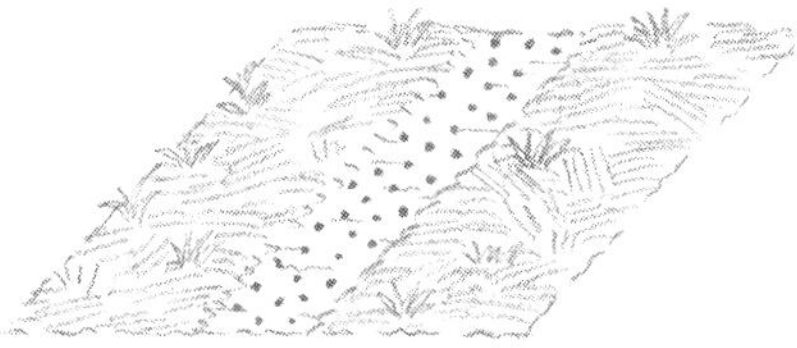

鍬幅にすじばらまき、または全面にばらまきして育苗します

植えつけ

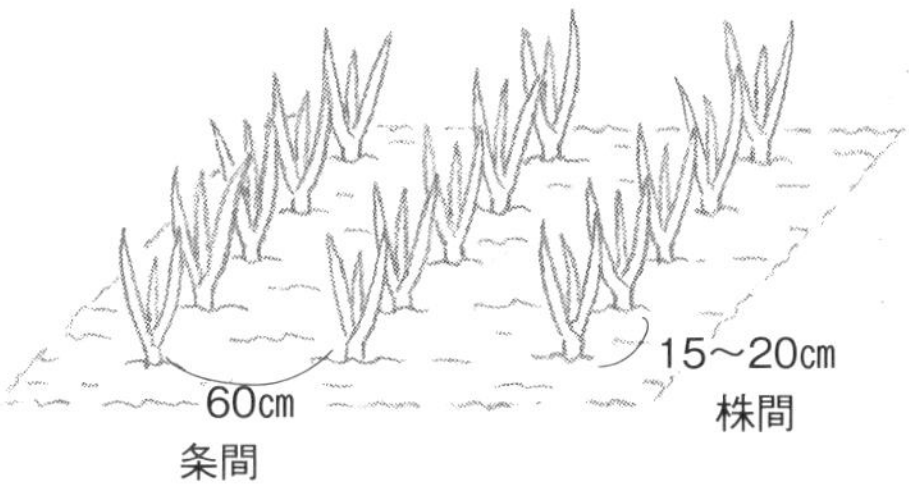

苗床で20 ～ 30㎝に生育した苗を植えつけます

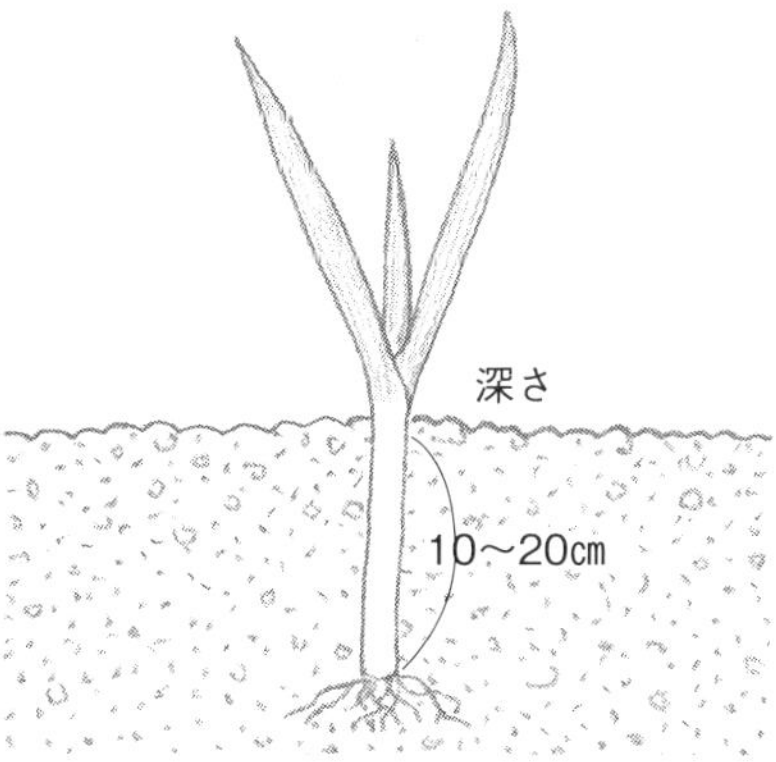

少し深めに植えつけます

乾燥させたネギ坊主

苗床から移植。１本植えで活着

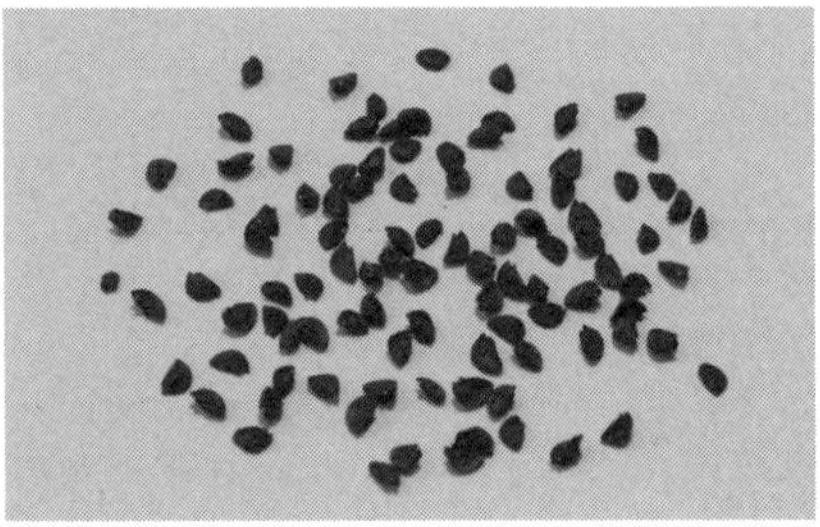

ネギの種（下仁田）

収穫期の九条太ネギ

前後の深さに植えつけています。土寄せをしてもよいのですが、まわりの草と一緒に上手に育てることができれば、土寄せと同じような役割を草が果たしてくれます。日当たり、風通しを考えて草抑えをすることがありますが、刈った草は株元に寄せるようにしています。

収穫　春まき、秋まきでは収穫期は一〇～三月のトウが立つまで、夏まきは二～三月頃が収穫期です。土寄せをしなくても太ネギの場合、草丈六〇cmくらい、軟白の部分は二〇cm以上になります。

種採りのコツ

トウ立ちしてネギ坊主ができますので、そこから種を採ります。ネギ坊主の中に黒い種が見えたら刈り取り、乾燥させ、種を取り出します。取り出した種をまた、乾燥させ、保管します。なお、収穫しなかったネギを五～六月に掘り上げ、分けつしたものを一本一本に分けて植え替えると、次の栽培ができます。この方法で二年目から苗づくりの手間を省くこともできます。

葉茎菜類

晩生ネギ

●素顔と栽培特性

九条ネギと同じユリ科の野菜で、分けつして収穫が増え、軟白部も長くなります。九条ネギよりもトウ立ちが遅く、端境期の四月にも収穫できる春穫りのネギです。

暖かくなり始める二～三月頃、ぐんぐんと生長します。土寄せしてもよいのですが、九条ネギ同様、土寄せをしなくても分けつして収量が増えるので、作付けのたびに土を大きく動かさない自然農での栽培に適しています。

一本の苗が、五～一五本くらいに分けつします。細いもののほうが、分けつが多くなる傾向があります。草丈九〇cm前後、軟白部三〇cm、太さ一・五cm前後になります。

●作業暦　○種降ろし・育苗　△植えつけ　▒収穫

1月	▒
2月	▒
3月	▒ ○
4月	▒ ○
5月	○
6月	△
7月	△
8月	△
9月	
10月	▒
11月	▒
12月	▒

●おすすめの品種

汐止《しおどめ》晩生ネギ、東京晩生ネギ、三春《みはる》ネギがおすすめです。

●育て方のポイント

種降ろし・苗床と育苗　九条ネギと同じように畑の一画に苗床をつくり、育苗、または鍬幅にすじばらまきにして育苗します。種降ろしの時期は、三～五月頃です。種間一～二cmにします。苗床での手のかけ方は九条ネギと同様です。

発芽　一週間前後で発芽します。九条ネギより気持ちゆっくりです。

植えつけ　六～八月頃、苗床から、一生を過ごす場所に植えつけます。条間六〇cm、株間一五cmを基本に、少し深め一五〜二〇cmくらいの深さに一本ずつ植えつけます。

土寄せ　わたしは土寄せをしないで育てることが多く、土寄せの替わりに株回りの草に助けてもらったり、草抑えをして刈った草を株元に寄せておきます。土寄せをする場合は、植えつけるときに深さ二〇cmくらいの溝をつくっておき、掘り上げた土をネギの日当たりを邪魔しないように、できれば北側に盛っておき、育ち具合に合わせてその土を株元に寄せていきます。そのとき、土は裸にせず、草をかけて覆います。

収穫　分けつが増え、秋から収穫できますが、ぐんぐんと生長するのは二〜三月にかけてです。その後、トウ立ちするのも遅く、暖かさとともに生長するので、その特徴を大いに生かせる収穫期は四月です。

九条ネギと両方栽培して冬の間、九条ネギを利用し、九条ネギにネギ坊主ができ始める頃から晩生ネギを収穫すれば、長期にわたってネギを利用することができます。

種採りのコツ

五月に入るとトウが立ち始め、ネギ坊主ができ、種を採ることができます。九条ネギと同じ要領でおこないます。

その種で次のいのちにつなぐことができますが、収穫しなかったネギの株を掘り上げ、六月頃、分けつしたものを一本一本に分けます。それを苗として植えつけをすれば種降ろし、育苗の手間をかけずに次の栽培に入ることができます。その場合、育苗したものよりも大きくなっているので、深めに植えつけをします。

葉茎菜類

ニラ

素顔と栽培特性

原産地は東アジアとされ、古く中国から日本に渡ってきました。ユリ科の多年草です。一度植えれば、何年も収穫できますので重宝します。

春から秋までが収穫期で草の生育も旺盛な時期と重なり、そのままにしておくと草の中に埋もれてしまうことがよくあり、収穫を兼ねながら株回りの草を刈って草抑えをします。種降ろしから、または株分けしてもらってから、どちらでも栽培できます。

おすすめの品種

広巾ニラは葉幅が広く、一本一本がしっかりしています。このほか、地域の在来種、育成種など。

●作業暦

○種降ろし・育苗　△植えつけ　▒収穫

月	種降ろし・育苗	植えつけ	収穫
1月			
2月			
3月	○		
4月	○		▒
5月	○		▒
6月		△	▒
7月		△	▒
8月			▒
9月			▒
10月			▒
11月			
12月			

育て方のポイント

種降ろし・苗床と育苗　種降ろしの時期は三月から四月。ネギと同じように畑の一画を苗床とし、全面ばらまき、または鍬幅にすじばらまきします。草に負けないように種間を一cmくらいにして、少し密に育てます。様子を見て、混み合った感じがしたら間引きます。

発芽　発芽まで一〇日から二週間かかります。

植えつけ　六月、一五～二〇cmくらいになったものを植えつけます。条間五〇～六〇cm、株間二五～三〇cmに、太さによって四～一〇本くらいずつ植えつけます。

生長　種を降ろし、植えつけた年は収穫せず、夏から秋にかけて草の中に埋もれないように株回りの

蕾をつけ、開花

乾燥後、取り出した種

収穫期のニラ

草を刈り、草を抑えます。冬になると地上部は枯れて越冬し、三月になると新芽が出てきます。

収穫　二年目の四月、草丈が二〇～三〇cmになったら、株元から鎌や鋏で切って収穫します。一ヶ所ひとまとめに刈り取って収穫してもよいですし、わたしは太くなったものをひとつひとつ選んで、鋏で切って収穫することもあります。収穫すると数週間で再生します。年に何度か収穫できますが、元気がないように感じたら収穫を控え、回復を待ちます。

株分け　数年すると分けつが進み、本数が増えてきます。密になって混み合ってくると葉も細くなるので、そうなったら掘り上げて株分けします。真夏と冬を除けば、いつでも株分け移植、定植ができます。種降ろしをしなくても、株分けで増やしていくことができます。

種採りのコツ

夏にトウが立ち、蕾をつけます。やがて開花、結実すると黒い種ができます。刈り取って乾かし、種を取り出し、さらに乾燥させ、保管します。

葉茎菜類

ニンニク

素顔と栽培特性

中国から中央アジア原産と言われるユリ科の野菜です。タマネギと同じように自然農で育てたニンニクは、ぎゅーっとしまってアリシンによる臭いがとても強いです。

栽培に場所をとりませんので、空いたところがあれば、数株ずつでも植えたらよいと思います。地力のある場所のほうが大きく育ちますが、小さくても香りはひけをとりません。

ニンニクの芽を食する品種もあります。栽培を経て数年後、掘り残しなのか落ちた種から育ったのか、思いもかけないところに自生しているのを発見することがあります。

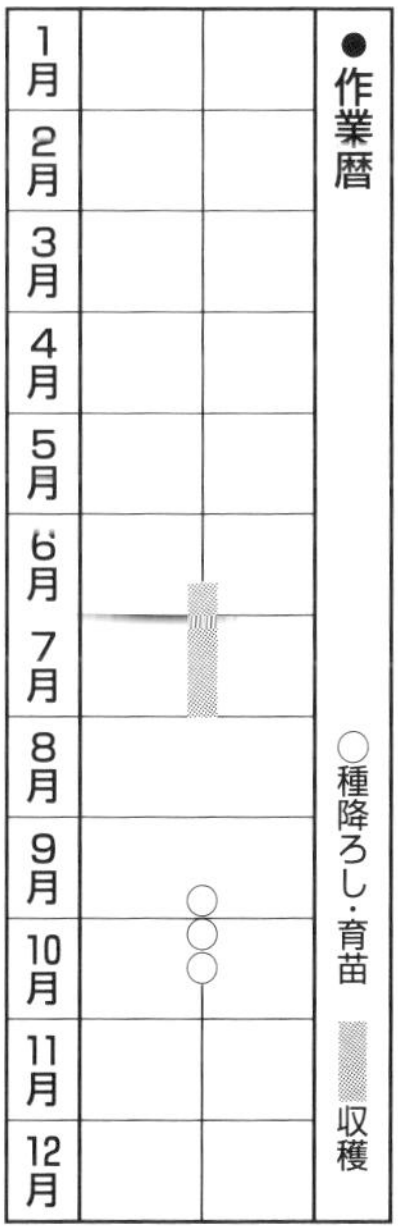

おすすめの品種

壱州《いしゅう》早生、上海《シャンハイ》早生などの小ぶりで暖地向きのものと、青森などで多く育てられている晩生で寒地向きで大きく育つホワイト六片などの品種があります。土地に合ったものを選びます。

育て方のポイント

種降ろし　九月から一〇月中旬くらいに、球根をひとつひとつ鱗片に分けて、植えつけます。数列植えるときは、条間二五〜三〇cm、株間一五cm前後を基本に、芽の出るとがったほうを上にして、深さ五cmくらいに植えつけます。

発芽　一〇日から一ヶ月で発芽します。

生長　冬を越し、春になってまわりの草に覆われ

球根を鱗片に分け、植えつける

収穫したニンニク

ニンニクの種球

るようになったら、株元の草を刈って草抑えをしますが、多少株元に草があっても大丈夫です。四～五月にトウが立ち始めたら、球を太らせるために手でポキッと折って芽を摘み取ります。摘み取った芽は、食用になります。

収穫　五月から六月にかけて、茎葉が黄色くなったら収穫です。晴天の日に、茎葉ごと掘り上げます。日当たりのよい場所で少し乾かしたあと、束ねたりネットに入れたりして風通しのよい軒下などに陰干し状態で吊るして保存します。

種球づくりのコツ

収穫して保存しておいたものを種球として利用します。

葉茎菜類

タマネギ

素顔と栽培特性

一年を通して料理に欠かせない野菜です。中央アジア原産のユリ科の野菜で一八世紀に長崎に渡来してきたと言われ、栽培は明治に入ってから北海道と大阪で始められました。通常、秋に種を降ろし、育苗、定植し、収穫は翌春から初夏です。生食に向く極早生のものから、貯蔵に向く晩生の品種まであります。極早生のものは球が扁平です。

晴れた日に収穫して少し乾かし、日陰の風通しのよいところに紐で数株ずつ束ねて吊り下げて貯蔵しますが、わたしは乾かしてから大きめの平たい木の箱に新聞紙を敷いて、そこに広げて倉庫に貯蔵しています。苗を植えつける一一月頃になると芽が出てきますが、翌春まで芽の出ない品種もあります。

自然農で育てると（わたしのところだけかもしれませんが）、大、中、小いろいろな大きさのものが穫れ、それぞれの特徴を活かして料理によって使い分けています。包丁で切ったときに肥料を施して育てた場合との違いを歴然と感じます。大きくても小さくても、ぎゅーっとしまっています。

●作業暦

○種降ろし・育苗　△植えつけ　▒収穫

1月	
2月	
3月	
4月	
5月	
6月	▒
7月	
8月	
9月	○○○
10月	
11月	△△
12月	△

おすすめの品種

極早生の貝塚早生、中晩生の泉州中高黄、晩生の平安球型黄、奥州玉ネギ、つり玉ネギ（松永種苗）などの在来種があります。

育て方のポイント

畑の準備　畑の中の、できるだけ草が元気な、地力のあるところを選んで育てます。

種降ろし　品種によりますが、九月が種降ろしの適期です。早過ぎると苗が大きくなり、トウ立ちの原因になり、遅過ぎると植えつけまでに苗が充分育たず、寒い冬を迎えてしまいます。極端な早まきとまき遅れに注意します。

苗床と育苗・発芽　畑の一画に苗床をつくり、全面にばらまき、または鍬幅にすじばらまきして苗を育てます。種間一～二cmとし、覆土し、草を戻します。その後、育ち具合を見て必要があれば間引きます。ちょうどよい具合に発芽し、育てば、植えつけまで間引かずに大丈夫な場合もあります。種降ろし後、六～七日くらいで発芽します。かけた草が発芽の邪魔になっているようでしたら、少しどかして調整します。場合によって発芽したあと、米ぬかを上からパラパラと補い、育苗期間中に苗床の草抑えをおこないます。

植えつけ　一一月から一二月上旬が、植えつけの時期です。苗が長さ二〇～三〇cm、太さ五mmくらいに育っていると、ちょうどよい感じです。

数列植える場合、わたしは、条間二五cm、株間一二～一五cmに互い違いの千鳥足状に植えつけています。植える一列分に紐を張り、すじまきの要領で草をかきわけ、土を出し、とくに宿根性の大きな根は、鎌を土に差し込み切って取り除いておきます。そこに一二～一五cm間隔で苗を、一本ずつしっかりと土に差し込んでいきます。深さ二～三cmくらいです。

苗の数が揃わなかったときは、一一月に入ると種苗店で販売されますので、足りなければ利用します。

種降ろし後、６～７日で発芽

20 ～ 30cmの苗を植えつける

タマネギのつくり方

種降ろし

苗床に鍬幅にすじばらまきして
育苗します

草抑え

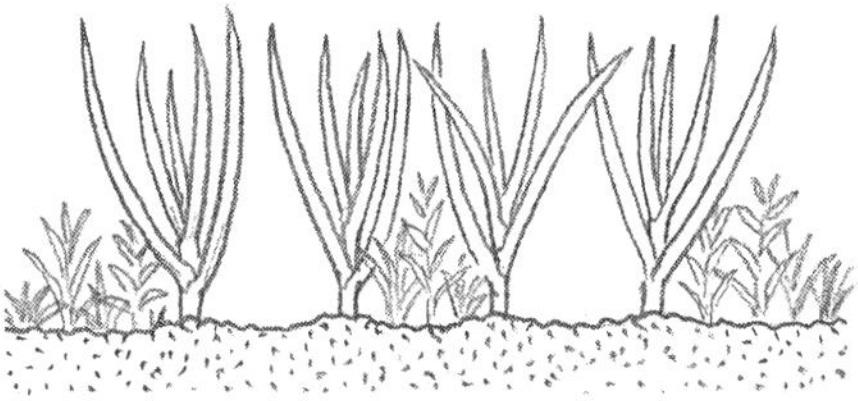

春先、1列おきに条間の
草刈りをします

植えつけ

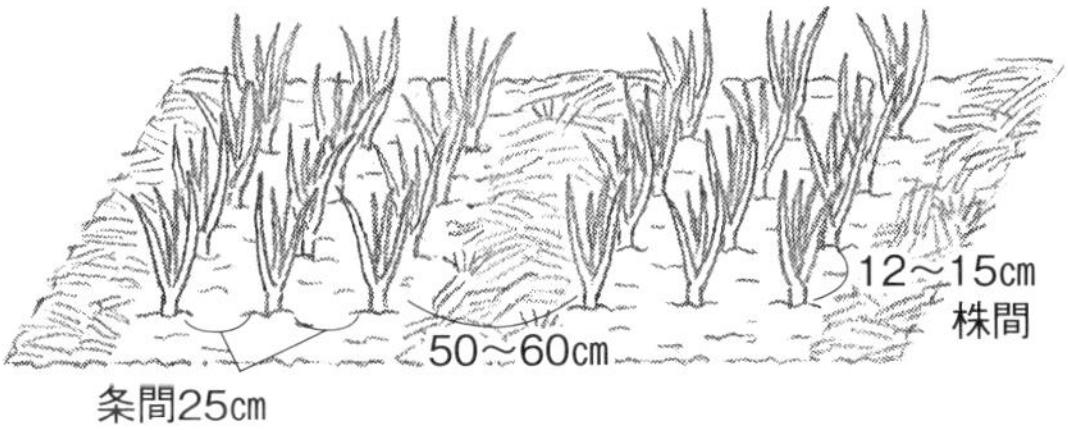

苗の長さが20 ～ 30㎝になったら
植えつけます

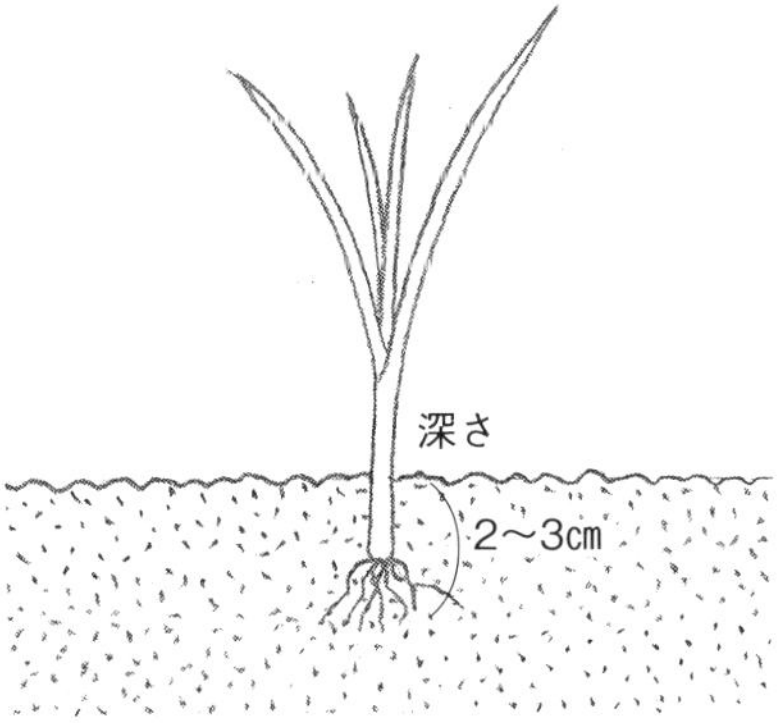

収穫

玉が太り、葉が倒れたら、
収穫の目安です。
晴天が続いた日に収穫します

生長　冬の間の草は地を這うように育っていますので、タマネギはその草たちに守られるように冬を過ごします。その草たちも三月から四月に暖かくなってくると、タマネギを覆ってしまうように伸びてきます。

そのときは一時的に草に待ってもらい、草刈りをして草を抑えます。一時に環境を変えないように草抑えは条間一列おきにおこない、タマネギへの日当たりを確保します。一列おきに草を残すことで乾燥を防ぎ、虫などの生息場所も確保します。少し時間をずらして残した分の草抑えをします。

収穫　極早生の品種で四月下旬〜五月上旬、早生が五月、中生、晩生のものが五月下旬〜六月が収穫期です。葉と茎の倒伏が収穫の目安です。収穫は晴れた日におこないます。

貯蔵　軒下など風通しのよいところに、数個ずつ束ねて吊るします。吊るさない場合は、よく乾かして、乾燥した場所で箱などに広げて貯蔵します。

生育期に条間の草を抑える

乾かしたタマネギ。食材として必需品

種採りのコツ

貯蔵しておいたタマネギを、一〇月に畑に戻します。株間五〇㎝前後に植えつけます。この一球が数個に分球して、春になるとトウが立ち、ネギ坊主ができます。

ネギ坊主の中に黒い種が見えだしたら刈り取り、乾燥させて種を取り出します。さらに乾燥させ、保管します。タマネギもネギと同じように種の寿命が短いので、新しい種を利用します。

葉茎菜類

赤タマネギ

素顔と栽培特性

辛みが少なく水分を多く含み、サラダなど生食用です。色がとても鮮やかです。栽培はタマネギと同じようにおこないます。

おすすめの品種

湘南《しょうなん》レッドがおすすめです。

育て方のポイント

種降ろし　九月中旬頃が種降ろしの時期です。六〜七日で発芽します。

苗床と育苗　タマネギと同様におこないます。

植えつけ　タマネギと同様におこないます。

生長　タマネギと同様におこないます。

収穫　翌年六月上旬から中旬が収穫期です。玉が肥大し、葉と茎が倒れたら収穫します。赤タマネギは生食用で瑞々《みずみず》しさを活かし、オニオンスライス、サラダなどにします。九月くらいまでに利用します。

●作業暦

1月	
2月	
3月	
4月	
5月	
6月	▒
7月	
8月	
9月	○○
10月	│
11月	△
12月	△△

○種降ろし・育苗　△植えつけ　▒収穫

収穫した赤タマネギ（湘南レッド）

葉茎菜類

アスパラガス

素顔と栽培特性

南ヨーロッパ原産のユリ科の宿根性多年草です。緑の茎を食べるグリーンアスパラガス、土寄せして軟らかい白い茎を収穫するホワイトアスパラガスがあります。品種は同じで栽培の仕方の違いです。一度植えると一〇～一五年、収穫ができます。種から、または二年生の苗を購入して栽培を始めます。

おすすめの品種

地域の育成種、外来種など。

育て方のポイント

種降ろし　直まきの場合は点まき、または、すじまきでおこないます。

点まきの場合、株間三〇～四〇cmに数粒ずつ、すじまきの場合、種間を四～五cmで一条すじまきにします。ポットで育苗してもよいです。条間は一m前後にします。

発芽　発芽まで二～三週間かかります。

間引き　草丈一〇～二〇cmの頃に一ヶ所一本に間引きます。すじまきの場合、株間三〇～四〇cmに一本に間引きます。

植えつけ　ポット育苗した場合、一〇～一一月に植えつけます。

収穫　種から始めた場合、収穫は三年目の春から、苗から始めた場合、二年目の春から、茎の先端が開く前に手でポキッと折れるところで収穫します。

●作業暦

○種降ろし・育苗　△植えつけ　▮収穫

月	種降ろし・育苗／植えつけ	収穫
1月		
2月		
3月	○	
4月	○	▮
5月	○	▮
6月	○	▮
7月	─	
8月	─	
9月	─	
10月	△	
11月	△	
12月	─	

収穫期のアスパラガス

アスパラガスの種

近年、人気のグリーンアスパラガス

一株から数茎収穫したあと、六～七月になったら収穫を控えて伸びるにまかせて、根株を養うようにします。

種採りのコツ

九月に入ると果皮が濃い朱色となり、中の種が黒くなってきたら採種期です。果実から種を傷めないように取り出し、水洗いをした後、よく乾かして紙袋に入れて保存します。

なお、アスパラガスは多年性植物なので、数年にわたって株を生育させることができます。よい株であることを確認できたら、何回もすぐれた種を採ることが可能です。

メモ

かつては軟白したホワイトアスパラガスが缶詰用として生産されていましたが、近年は軟白しないグリーンアスパラガスが青果用として多く出回っています。出盛り期にはゆでてサラダにしたり、てんぷら、フライに用いたりします。

葉茎菜類

サニーレタス

素顔と栽培特性

中近東内陸、アジア原産のキク科の仲間で結球せず、ちりめん状になる赤いリーフレタスです。別名赤チリメンチシャと言います。

同じ仲間に結球レタス、緑のリーフレタスの青チリメンチシャ、韓国料理に欠かせない、外葉から順にかきとって利用する包菜のチマサンチュがあります。

結球レタスは江戸時代に日本に渡ってきましたが、チシャは一〇世紀以前に渡ってきたと言われています。

春まき、秋まき、両方できます。気温が上がり日照時間が伸びていく春まきは生長が早く、収穫までの時間は早いですが収穫時期は短く、寒さへ向かう秋まきは生長はゆっくりで、収穫期間は長くなります。

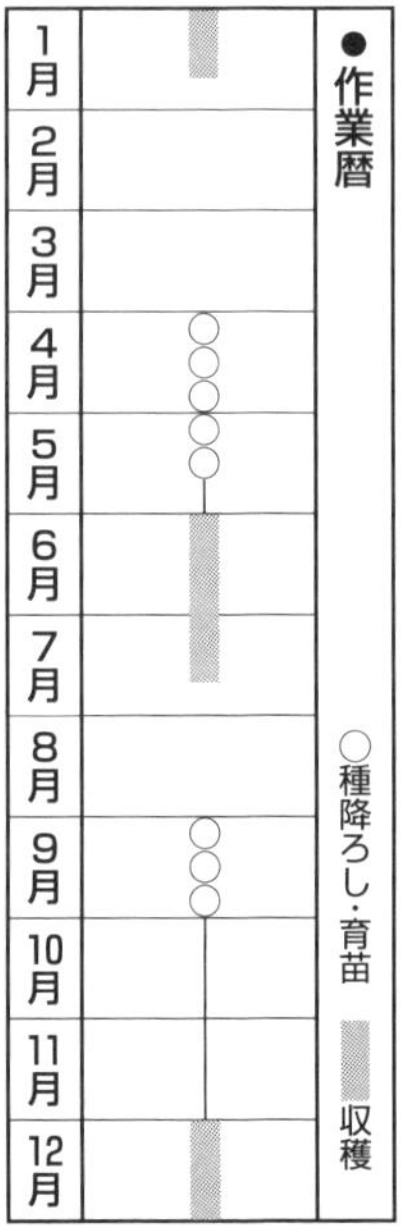

おすすめの品種

地域の育成種、在来種、外来種など。

育て方のポイント

種降ろし　直まき、ポット育苗、畑の一画の苗床で育苗、どれでも栽培できます。移植も容易にできます。直まきの場合、鍬幅にすじばらまき、または二条すじまきにします。

発芽　一〇日前後で発芽します。

植えつけ　大株に育てる場合は、株間二〇～二五cmとします。

生育期のサニーレタス。間引きをおこなう

間引き　直まきした場合、混み合ったところから間引き、収穫します。

収穫　直まきした場合、次々と間引き菜が収穫できるので、長期にわたって食べることができます。また、株ごと収穫せず、必要な分だけかきとって利用することもできます。トウが立つまで収穫できます。

種採りのコツ

花が綿花状態になるまで生育したら、ハサミで摘み採り、よく乾かします。その後、手でつぶして種を取り出し、ふるい（一㎜程度）でふるった後、扇風機などで風を利用し、軽く小さい不良種子などを吹き飛ばして選別。充実した種を陰干しし、紙袋に入れて保存します。

葉茎菜類

青ジソ

素顔と栽培特性

中国が原産のシソ科の一年生の葉菜で、日本に渡ってきたのは奈良、平安時代の頃です。

一般には一年を通して出回っていますが、露地の自然栽培では春に種を降ろし、夏が収穫期です。薬味の大葉として、そのあと、穂ジソ、最後は実ジソとして生長に合わせて形を変え、利用できます。梅干しの色、風味付けとしては赤ジソを利用します。

種の寿命は短いほうなので、できるだけ採種して一年くらいまでのものを利用します。一度栽培して、そのまま種を落ちるにまかせておけば、次の年、こぼれ種が自然に発芽しますので、次の年からは種降ろしをせずに栽培でき、手間いらずです。たくさん発芽すれば、移植して栽培します。

●作業暦

1月	
2月	
3月	
4月	
5月	○
6月	○
7月	収穫
8月	収穫
9月	収穫
10月	
11月	
12月	

○種降ろし・育苗　▒収穫

おすすめの品種

地域の在来種、育成種など。

育て方のポイント

種降ろし　発芽も生育も二五℃と高温を好みますので、五月に入ってから種降ろしをします。鍬幅すじばらまき、二〇～三〇cmの株間に数粒ずつ点まき、ポット育苗で移植、畑の一画を苗床にして全面にばらまき育苗のいずれも大丈夫です。数列栽培するときは、条間五〇～六〇cmとします。

発芽　発芽まで一～二週間かかります。

植えつけ　育苗したものは、本葉一〇枚になる前までに植えつけます。

間引き　直まきしたものは、本葉一〇枚の頃に間引きます。

収穫　必要な分の葉を摘み取ります。収穫期は七～九月頃です。その後、穂ジソとして、最後は実ジソとして塩漬けにすれば長く利用できます。

青ジソの収穫期は7～9月。必要な分を摘み取る

種採りのコツ

秋になって、株全体が茶色になり、枯れ始めた頃に採ります。触れると、パラパラと種がひとりでに落ちます。この頃、刈り取って種を取り出します。乾燥させ、保管します。

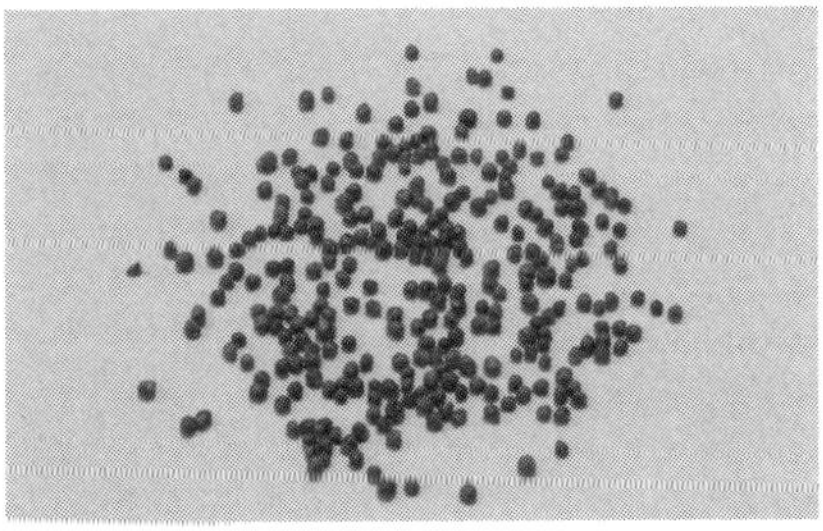

シソの種

青ジソの穂

葉茎菜類

ミョウガ

素顔と栽培特性

ショウガ科の宿根性の多年草で、一度植えつければ毎年、夏に収穫できます。ショウガの仲間ですが、ショウガは寒さに弱いのに対して、ミョウガは低温には強いです。

湿り気のある畑でよく育ち、日陰でも育ちますので、果樹の下などの場所に植えれば、畑を有効に生かせます。フキ、ミツバ、ワラビ、セリとともに数少ない日本生まれの野菜です。

おすすめの品種

早生、中生、晩生の品種がありますので、それぞれ植えつけておけば、夏の間中、収穫することができます。

● 作業暦

○種降ろし・育苗　▮収穫

月	種降ろし・育苗	収穫
1月		
2月		
3月	○	
4月	○	ミョウガタケ
5月		ミョウガタケ
6月		
7月		▮
8月		▮
9月		▮
10月	○	
11月		
12月		

育て方のポイント

種降ろし・植えつけ　春植えは三～四月、秋植えは一〇月、種苗店で売られている苗株、または誰か

発芽したミョウガタケ

収穫後のミョウガ畑

ミョウガの生育

収穫したばかりのミョウガ

収穫期の中生ミョウガ

に分けてもらえるようであれば、掘り上げた地下茎を利用します。株間二〇～三〇cm、深さ五～一〇cmくらいに植えつけます。

生長　一度植えつければ、毎年四月下旬頃、芽が出ます。これがミョウガタケで、食べることができます。あまり穫ってしまうとミョウガの収穫に影響が出ますので、少しにしておきます。刻んで薬味にしたり、ゆでてアスパラガスのように楽しめます。店頭で見かけることはなく入手できないので、みずから栽培する特権でもあります。

収穫　早生のものは七月初め頃、根元のまわりからミョウガの子が顔を出します。手でポキッと簡単に穫れます。穫り遅れると花が咲いてしまうので、穫り遅れないようにします。早生のもので七月いっぱい、約一ヶ月収穫できます。中生のものは八月に入ってから収穫が始まり、晩生のものは九月中旬から下旬で収穫できます。

葉茎菜類

エンサイ

素顔と栽培特性

熱帯アジア原産のヒルガオ科の葉菜で、別名エンツァイ、空芯菜、アサガオナと呼ばれる中国野菜です。タイ料理にも登場します。サツマイモの蔓に似た形で、黄緑色の蔓の先端二〇cm前後を葉とともに食べます。葉物が少なくなる夏の時期に収穫できます。油炒め、お浸し、ゴマあえ、スープなどの料理によく合います。

おすすめの品種

外来種、地域の育成種など。

育て方のポイント

●作業暦

○種降ろし・育苗　■収穫

1月	
2月	
3月	
4月	
5月	○
6月	○
7月	■
8月	■
9月	■
10月	■
11月	
12月	

種降ろし　発芽適温が二〇℃前後で、三～九月が種降ろしの時期です。わたしは収穫できる葉菜の種類が少なくなる夏に穫れるように、五～六月に種を降ろしています。条間六〇cmで種間を五cmくらいにして一条すじまき、または株間二〇～三〇cmに二～三粒ずつ点まきします。

間引き　すじまきした場合は二〇cm前後に一株になるように間引き、点まきの場合は間引いて元気なもの一株にします。

収穫　蔓が三〇～四〇cmに伸びたら、先端二〇cm前後を摘み取って収穫し、その後、伸びてくる腋芽の先端を適宜、収穫します。秋涼しくなると生育は遅くなり、霜が降り始めると葉が黒くなり枯れていきます。

葉茎菜類

モロヘイヤ

素顔と栽培特性

中近東、アフリカ北部原産のシナノキ科で、エジプトなどで古くから栽培されている一年草です。夏の時期、日本で収穫できる数少ない葉菜です。細かく刻むと粘りが出て、トロロのような食感です。

発芽も生育も高温を好むので、気温が高くなる五月から六月にかけて種を降ろし、夏の間、収穫するようにします。

秋には草丈一m以上になり、しっかりと太い茎となり、シナノキ科の名前のとおり、木のようです。霜の降りる頃枯れますが、その株元にエンドウなどの豆の種を降ろしておくと、枯れた茎枝がそのまま豆の初期の枝柱として利用できます。

●作業暦

○種降ろし・育苗　△植えつけ　▒収穫

1月	
2月	
3月	
4月	○
5月	○○
6月	○△
7月	△△ ▒
8月	▒
9月	▒
10月	▒
11月	
12月	

おすすめの品種

外来種、地域の育成種など。

育て方のポイント

種降ろし　直まき、育苗どちらでも栽培できますが、わたしは五月にポットで育苗し、植えつけています。

発芽　五日から一〇日くらいで発芽します。

植えつけ　草丈一〇～一五cmくらいで植えつけます。条間七〇～八〇cm、株間四〇～五〇cmを基本にします。

収穫　草丈五〇cmくらいになったら、葉を数枚つけて先端を摘み取って収穫します。これが摘芯となり、次々と側枝が伸び、株全体がふくらむ感じで大

収穫期を迎えるモロヘイヤ

葉を数枚つけて摘み取る

莢ができ、中に種をつける

きくなります。摘芯の位置で草姿が変わります。高いところで摘めば少しずつ長期に、低いところで摘めば短期に一気にの収穫の様子となります。この側枝の先端の新芽と葉を摘んで利用します。

種採りのコツ

秋になると黄色い花が咲き、莢ができ、中に種ができます。葉が落ちて株全体が茶褐色になって莢も乾いたら、株ごと刈り、乾燥させ、種を取り出します。さらに乾燥させ、保管します。

葉茎菜類

ツルムラサキ

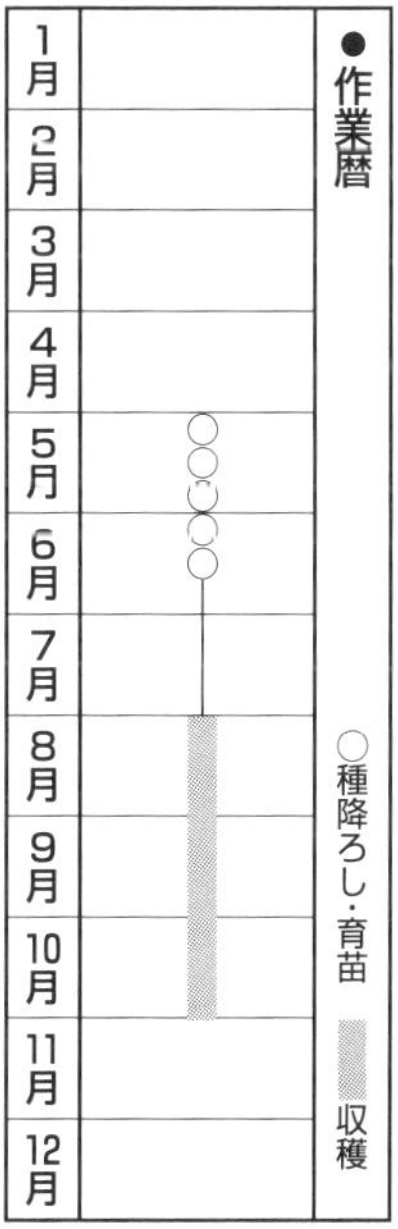

●素顔と栽培特性

熱帯アジア原産のツルムラサキ科で、モロヘイヤと同じく夏の高温期に育つ貴重な葉菜です。暑さに強く、生育旺盛な蔓性の植物で、次々と発生する分枝、葉を食用にします。独特のぬめりが特徴です。

明治に日本に入ってから生け花や鉢物など観賞用として広まり、その後、食用として利用されるようになったようです。名前どおり細い蔓が紫色のものと、全体が緑色で蔓が太い品種があります。

●おすすめの品種

緑茎種は蔓が太く、葉も大きく食べごたえがあります。

●育て方のポイント

種降ろし　発芽の適温が二五℃以上ですので、気温が高くなる五月頃、種を降ろします。条間六〇cm、株間三〇cmを基本に二〜三粒ずつ点まきします。他の葉菜に比べ発芽率が低く、発芽まで土が乾かないようにしますが、草に覆われ、土が裸になっていない自然農の畑では、よほどカラカラに乾いている場合を除いて灌水の必要はなく、それほど心配いりません。発芽のために事前に種を水につけることもありません。

発芽　発芽まで一〇日前後です。

間引き　蔓が伸び始める前に、一ヶ所一〜二本に間引きます。

収穫期を迎える

ツルムラサキの発芽

生育期のツルムラサキ

支柱立て　生育とともに二mくらいの支柱を立てます。蔓は支柱に巻きついて、上に伸びていきます。緑茎の品種は地這い栽培でもよく、支柱は立てても立てなくてもどちらでもよいです。

収穫　次々に出てくる腋芽の先端一〇～二〇cmを摘み取るか、葉を摘み取って収穫します。

緑茎種は主枝が伸び、本葉五～六枚で先端を摘芯、収穫し、その後、腋芽と発生する葉を収穫します。

種採りのコツ

秋になって花が咲いたあと、黒い丸い種ができます。枯れるまで熟させ、刈り取って乾燥させ、種を採ります。

根菜類

カブ

素顔と栽培特性

中央アジア、ヨーロッパ西南部が原産のアブラナ科の根菜です。別名スズナと言い、大根と同じ春の七草のひとつです。

奈良、平安時代に日本に渡ってきたといわれ、和種系、洋種系という区分けがあります。形も丸いもの、細長いもの、色は白色、紅色、大きさは小カブから大カブまでさまざまな品種に分かれています。

紅色などの色カブは日本海沿岸、白カブは太平洋沿岸に分布していて、色カブのほうが糖分含有量が多く耐寒性があり、貯蔵しやすいようです。カブは根だけでなく、葉にも栄養があり、おいしく味わうことができます。

●作業暦

1月	収穫
2月	
3月	○種降ろし・育苗
4月	○種降ろし・育苗
5月	収穫
6月	収穫
7月	
8月	
9月	○種降ろし・育苗
10月	○種降ろし・育苗
11月	収穫
12月	収穫

○種降ろし・育苗　▒収穫

おすすめの品種

小カブでは金町《かなまち》小カブ、中カブは寄居《よりい》カブ、大カブは聖護院カブがおすすめです。これらはいずれも白色丸カブです。

日野菜《ひのな》カブは滋賀県の日野地方で育てられ、京野菜のひとつで紅白二色の細長い形状。色鮮やかで酢漬け、塩漬け、サラダなどに利用できます。

育て方のポイント

種降ろし　春まき、秋まきできますが、品種によって生育適温がありますので、品種に合わせて種降ろしの時期を決めます。条間五〇～六〇cm、鍬幅にすじばらまき、または二条すじまきにします。厚くまき過ぎると徒長してしまいますが、小さいときは

収穫したカブ

種降ろしは、二条すじまき

ある程度密になっているとお互いを助け、支え合って草に負けずに生育がよく、厚過ぎず、薄過ぎない種間を育てるなかでつかんでいきます。種を厚くまき過ぎてしまったときは、発芽した状態を見てわかりますので、間引きをしながら調整していきます。逆に薄過ぎると、草抑えの手間が増えやすくなります。

発芽　三〜五日で発芽します。

間引き　最初は葉と葉が重なるように、そして葉と葉が触れ合うように、まきすじが小カブの葉で覆われた状態を保つように間引いて育てていくと、草抑えの手間もなく、ちょうどよい感じです。間引きは手でスーッと根ごと抜けますので、間引き菜として葉も根も丸ごと利用します。一株一株を大きくしたいときは心もち早めに間引きを、小さくても長期にわたって収穫したいときはある程度に育った大きめのものから間引き、収穫をしていきます。目的によって間引きの仕方を選びます。

収穫　種を降ろして二ヶ月くらいで収穫期です。丸カブは、収穫期には丸々と太って地上部に出ています。春まきは日に日に気温が高く、日も長くなっていくときの生長でトウ立ちが早く、収穫の時期は短く、逆に秋まきは収穫期間は長いです。

高温で乾燥の条件の下では根が尖って、三角になりがちです。また、急激な土壌水分の変化があると割れやすくなりますが、土が裸になっていない自然農の畑は適度な湿り気が保たれ、土壌水分の変化がゆるやかで、これらを防ぐことができます。

トウが立てば、蕾を菜の花として食すことができます。

生育中の日野菜カブ

種採りのコツ

秋に種を降ろし、翌春トウが立ち、種をつけたものから採種します。

このようにして種が採れますが、色、形、つやなど厳密に選抜する場合は一度収穫したものの中からこれはというものを選んで（母本選抜）、もう一度畑に植えつけます。種採りはコマツナやハクサイなどと同じ要領でおこないます。

紅白二色で細長い日野菜カブ

根菜類

ダイコン

素顔と栽培特性

地中海沿岸が原産のアブラナ科の根菜です。別名スズシロとも言い、春の七草のひとつです。日本に渡ってきたのは奈良、平安時代と言われています。たくあん用、おろし用、煮物、生食、葉大根と用途によって適した品種があり、また、地方それぞれで育てられている独特の在来種があります。色で分けると白首、青首、形では丸大根、長大根とに大別することができます。

品種を組み合わせれば春まき、初夏まき、秋まきと、真夏と真冬を除いて種降ろしができ、一年を通して収穫が可能です。中でも秋まきの品種が数多くあります。

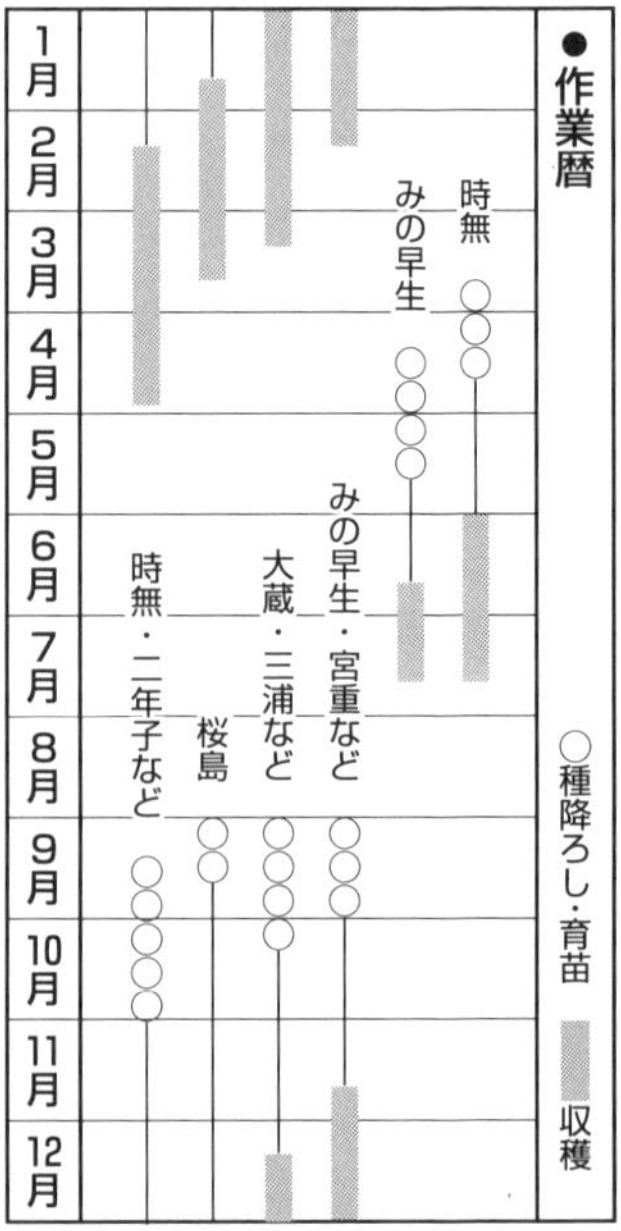

おすすめの品種

わたしは春まきに早太り時無《ときなし》大根、初夏まきにみの早生大根、そして秋まきは生育に半年近くかかる極晩生の桜島大根（丸大根）を手始めに、宮重《みやしげ》大根（青首）、練馬大根（白首たくあん用）、大蔵《おおくら》大根（白首）、三浦大根（白首）、春と同じ早太り時無大根、または二年子《にねんご》大根（吸込系）と順番に種を降ろしていきます。

吸込系は根が地上になかなか飛び出さず、耐寒性があり、トウ立ちが遅い系統です。これらを組み合わせることで間引き収穫をしながら、夏から初秋を

白首の大蔵大根

食味がよい宮重大根

小形で赤丸系のラディッシュ

球形、もしくは偏球形の桜島大根

除いて切らすことなく何かしらのダイコンを収穫しています。何年か栽培するなかで、このようなローテーションができました。また、耕度が浅い畑では丸大根の聖護院大根を選んで、小面積の畑では、種を降ろして一ヶ月くらいで収穫できる二十日大根（ラディッシュ）や中国大根の春京《シュンキョウ》赤長水《アカナガミズ》を栽培すれば、小型で生育が早くサラダなどに重宝します。

●育て方のポイント

種降ろし　春まき三～四月、初夏まき四～五月、秋まき八月下旬～一〇月が種降ろしの適期です。品種によって異なりますが、基本は条間六〇cm、株間三〇～四〇cmに数粒ずつ点まき、わたしは条間六〇cmで鍬幅に一条すじまき、種間三～五cm前後に一粒ずつ種を降ろしています。

発芽　発芽まで三～四日です。

間引き　生育に合わせて混み合ったところ、元気なものを残しながら、何度かに分けて間引きをします。見ていて窮屈そうに感じたら、間引きの時期です。最初、葉と葉が重なっている程度に、徐々に葉と葉が触れ合う程度に、もう一人立ちして大丈夫そうになったら最終の間引きです。品種によりますが、最終的な株間を三〇～四〇cm（桜島大根は六〇cm前後）に一株にします。間引いたものは葉大根として食べます。

草抑え　秋まきではほとんど必要ありませんが、春まきで条間の草丈が伸びてダイコンが草に埋もれがちになったときは、日当たり、風通しを考えて草刈りをして、一時的に草抑えをします。一度に全部刈ることをせず、条間を片側ずつ時期をずらしておこないます。

一条すじまきで発芽（宮重大根）

間引きを終了（早太り時無大根）

収穫　種を降ろして、早い品種で七〇～八〇日くらいで根がしっかりと太った頃から収穫です。トウが立ち始めると筋ができてしまいますので、その前に収穫します。

食べきれないほど収穫できればたくあんや漬け物、切り干し大根などに加工します。葉を切り落として土の中で、または新聞紙にくるんでおく保存法などもあります。

ダイコンは、根も葉も丸ごと料理に生かします。

種採りのコツ

種採り用の株を母本選抜して植えて採種しますが、簡単におこなうためには種採りをする株を植え替えせず、そのままトウが立って株全体が淡褐色になったら刈り取り、乾燥させ、種を取り出します。結実した頃、鳥が種を食べてしまうことがあり、そのときはネットをかけたり、紐を張ったりして防ぎます。

ダイコンのつくり方

種降ろし

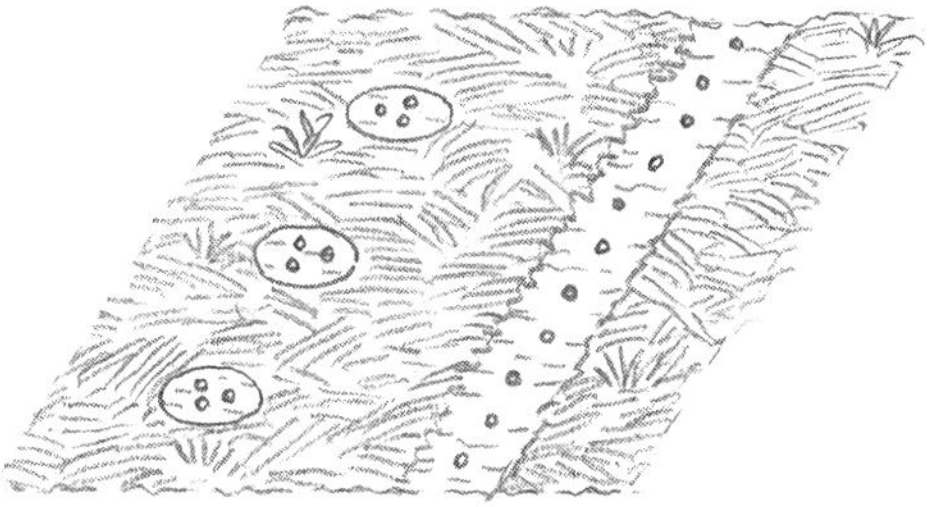

数粒ずつ点まき、または1条
すじまきにします

収穫

しっかりと握って引き抜きます

間引き

生長に合わせ、何度かに分けて
間引きます

種採り

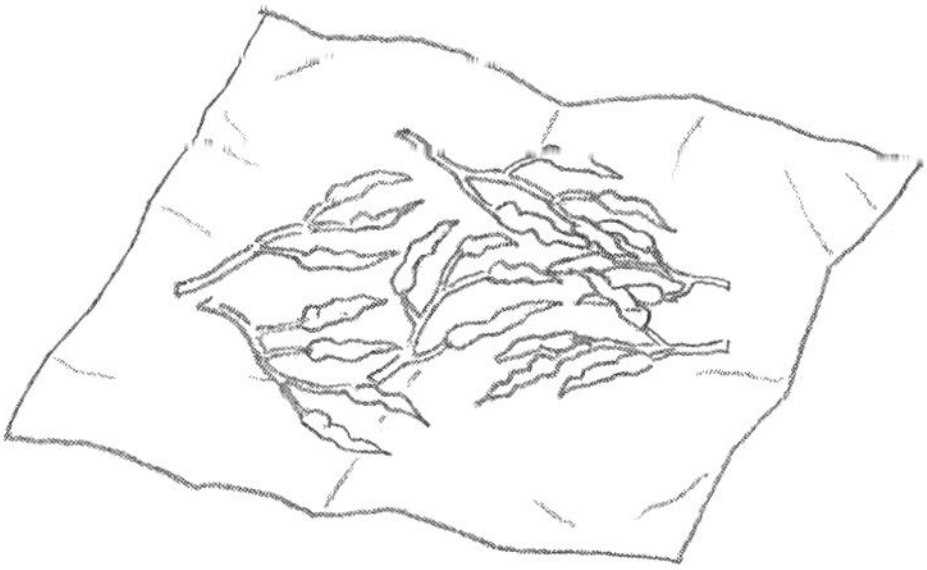

鞘を乾燥させ、ビンなど
でたたいたりして種を取
り出します

根菜類

ジャガイモ

素顔と栽培特性

南米アンデスが原産のナス科の野菜です。ペルーには、ジャガイモが二〇〇〇品種あると言われています。日本に渡ってきたのは一六世紀後半で、ジャカルタを経由して渡ってきたため、ジャガタライモ、そしてジャガイモと呼ばれたとも言われています。また別名馬鈴薯と呼ばれ、日本で大規模に栽培されるのは北海道開拓の時代になってからです。

ジャガイモは小麦、トウモロコシ、稲についで世界で四番目に収穫量の多い作物で、ヨーロッパの食生活では重要な位置を占め、原産地の南米アンデス地方ではインカ帝国の時代もジャガイモのおかげで飢えはなかったと言われています。澱粉、アルコールの原料にもなります。

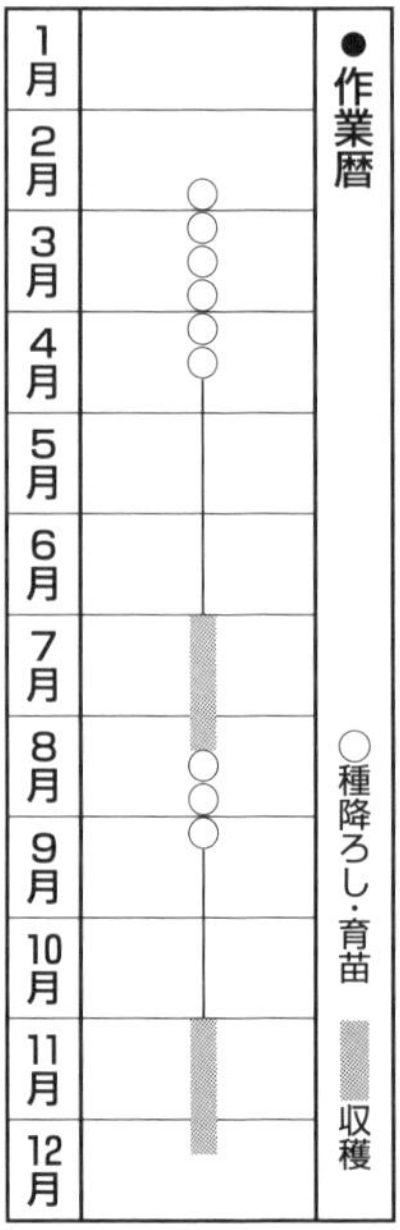

暖地向きの品種もありますが、もともと冷涼な気候を好みます。温暖な地方では、春と秋の二期栽培することができます。

おすすめの品種

男爵、メークインが代表的な品種でしたが、近年はキタアカリ、トヨシロなどの人気が上昇しています。静岡では暖地向きのデジマ、ニシユタカ、アンデスが適しているようです。デジマ、ニシユタカ、アンデスは休眠期間が短く、春秋兼用の品種です。

育て方のポイント

畑の準備　ジャガイモはナス科ですので連作障害を出さないため、ナス、ピーマン、トマトなどの後作にする場合は、数年空けてからにします。

種降ろし　小さめのものは丸のまま、一〇〇g以上の大きめのものは半分に切って種芋にします。切るときは、両方に芽がついているように切ります。切った後は、数時間日に当てて切り口を乾かしてから植えるようにします。木灰を切り口にまぶすように、と言われていますが、わたしはそのまま植えています。

梅雨の頃に気温が高くなると、地上部の葉と茎が枯れ、生長が止まります。したがって生育期間を長くすることが収穫量アップにつながりますので、適期内にできるだけ早く植えることがポイントになってきます。

春は二月後半から四月にかけて、暖地の秋植えは芋から芽が出てくる様子を見ながら、八月から九月初め頃、植えるようにします。条間六〇cm、株間三〇cm、深さ一〇cm前後に植えます。切った場合は切り口を下にします。

発芽　春植えで三週間から一ヶ月くらい、秋植えで二週間から三週間で発芽します。

腋芽かき　様子を見て太い芽の場合は一～二本に、細い場合は三～四本に芽かきをします。種芋が持ち上がらないように、一緒に引き抜かないように株元と土を手で押さえながら、ゆっくりと引き抜きます。春植えの場合、遅霜が降り、枯れる芽もあるのであわてず、ゆっくりおこないます。芋が小さくても構わなければ芽かきをせず、そのまま育ててもよいです。

草抑え　草に覆われてしまうようであれば、日当たり、風通しを考え、株回りの草を刈ります。一度

種芋(デジマ)

生育期に一定の草抑えをする

に全部おこなわず、条間一列おきにするなどして残すところ、刈るところを決めておこないます。一度におこなって環境を大きく変えないようにするのは、作物やそのまわりに生息する生物に対する配慮でもあります。

一度に草刈りをしてしまうと乾燥がすすんだり、日焼けしたり、虫のバランスを壊してしまうことにもつながります。作業をしていく中で草抑えのタイミング、仕方を身につけていきます。作業をすることで自然や作物に自分が働きかけたことがどういうふうになっていくか観察してみてください。

収穫　春植えは梅雨から梅雨が明ける頃、気温が三〇℃近くになると葉、茎が緑から黄褐色になり、枯れたら収穫期です。手、鍬、スコップなどで芋が傷つかないように掘り上げます。茎が太く育ったものは、大きめの芋ができます。小さめの芋は皮をむかず、丸ごと素揚げにすると美味です。

暖地向きの品種のほうが暑さに強く、気温が高くなってもすぐに枯れることなく、栽培期間が長くなるのが利点です。わたしは収穫したものの中から小さめから中くらいのものを選んで、切らずに丸ごと八月に植え、一一月から一二月、霜が降りる頃、葉、茎が枯れたら収穫をして春、秋、二期育てています。

種芋づくりのコツ

収穫したものの中から、傷みのないものを選んで保管します。

休眠期間が短い暖地向きのデジマ、ニシユタカ、アンデスは春作のあと、直射日光の当たらないところに広げておいて芽が出てきた頃、秋植えをし、初冬に収穫します。そして、その中から種芋を選び、箱などに広げて全体を新聞紙などでくるんで保管しています。サトイモ、サツマイモに比べ、寒さには強いです。

根菜類

サツマイモ

●素顔と栽培特性

中米から南米北部のあたりが原産のヒルガオ科の芋です。日本でも稲の不作のときに飢饉を救った作物としての歴史がありますが、ニューギニア高地やイースター島では主食の位置を占める作物です。

世界的に見ると生産量の七割は中国で、日本では四割が鹿児島県で生産されています。日本にはサツマイモの品種の多いフィリピンから中国、そして琉球（沖縄）を経由し一七世紀に渡り、長崎と鹿児島を起点に西日本に、そして一八世紀に全国に広がりました。江戸に入ったのが一七三四年（享保の飢饉が一七三二年）で青木昆陽が導入し、関東に広め、救荒作物となったことが伝えられています。また、

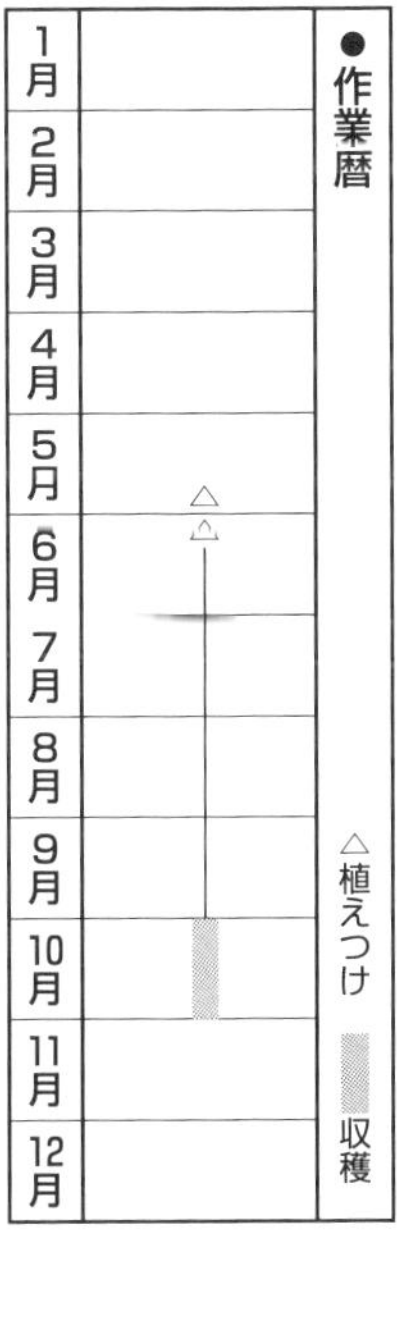

戦後の食料難の時代に食べたサツマイモの話もよく聞かれます。

栽培条件として痩地《やせち》でも育ち、乾燥地を好むため、水利がなくても育つこと、連作が可能なこと、干ばつでも、逆に多雨でも育つ適応の幅をもち、単

一時的に草抑えをしたサツマイモ畑

収穫したサツマイモ（紅アズマ）

位面積当たりのカロリー生産量が高いこと、これらの特徴から救荒作物になりえたと考えられます。

サツマイモは別名「甘薯」と呼ばれますが、他にもカライモ、トウイモ、リュウキュウイモ、という呼び方があるようです。品種によって粉質のものと粘質のものがあります。内地ではめったに花は咲かないようですが、高温を好むサツマイモは沖縄では開花し、結実し、自然のうちに交配され、よい品種が生まれ、利用していたようです。

サツマイモは芋を食べ、澱粉や酒類の原料にもなりますが、蔓を食べることもでき、沖縄には蔓専用の八重山カンダーという品種があり、また、中国野菜のエンサイ（空芯菜）は形の似ている蔓を食べる葉菜で同じヒルガオ科に属しています。

おすすめの品種

紅アズマなどがおすすめです。

育て方のポイント

畑の準備　わたしの畑は畝を立てると乾燥してしまうので平畝ですが、一般的には少し高めのカマボコ型の畝で栽培します。カマボコ型の畝は通気がよく、収穫も容易にできます。

種降ろし・育床と育苗　秋に収穫した芋を冬期貯蔵し、それを種芋にして苗をとりますが、最初の年、または用意できなかったときは五月頃、種苗店で売り出されている苗を利用します。

三〜四月に踏み込み温床、もしくは畑にビニールトンネルなど保温した苗床をつくり、株間五〇cmに種芋を植えます。芽の出るほうを上にし、五cm前後の深さに植えます。乾燥しないように注意します。一株から何本も蔓が伸びてきますので、先端から二〇〜三〇cmのところで切って苗とします。

植えつけ　五月中旬から六月中旬にかけて、条間六〇〜九〇cm、株間三〇cmに植えつけます。苗の長さ半分くらいを土に斜めに挿します。深さは五〜一〇cmくらいです。

植えた当初は一時的に枯れたようになりますが、根付くと葉も蔓も元気になり、徐々に蔓が伸び始めます。わたしは斜めに苗を挿しますが、苗の挿し方

サツマイモのつくり方

収穫

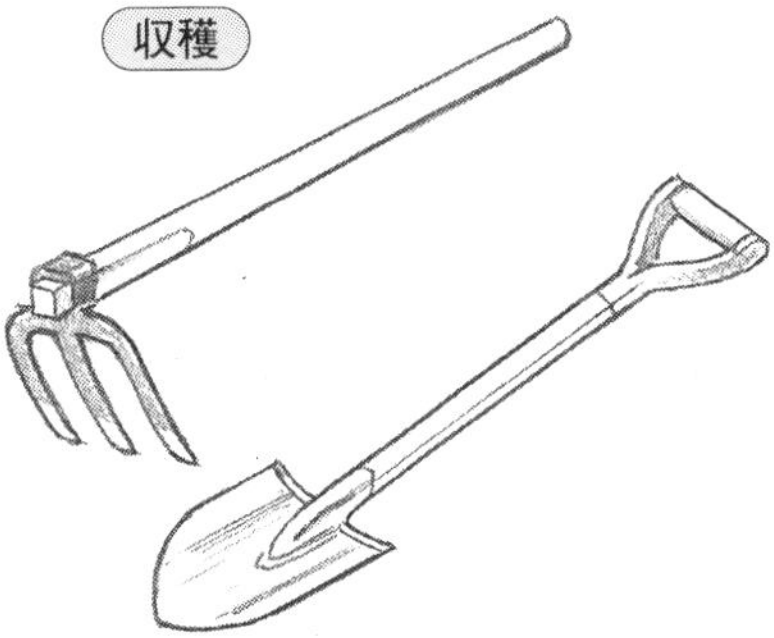

三つ又鍬、スコップなどで芋が傷つかないようにていねいに掘り上げます

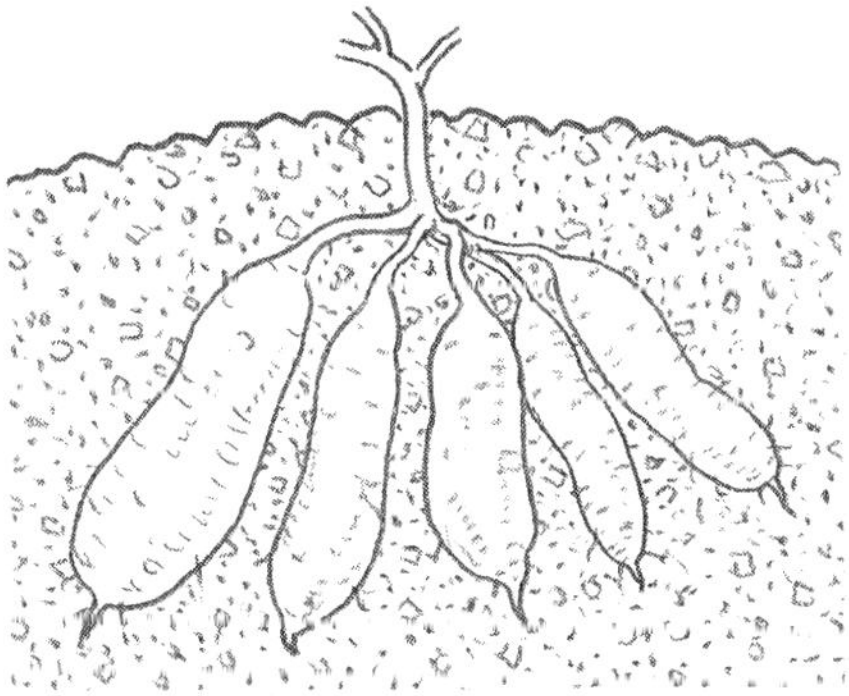

一度に掘り上げておきます

植えつけ

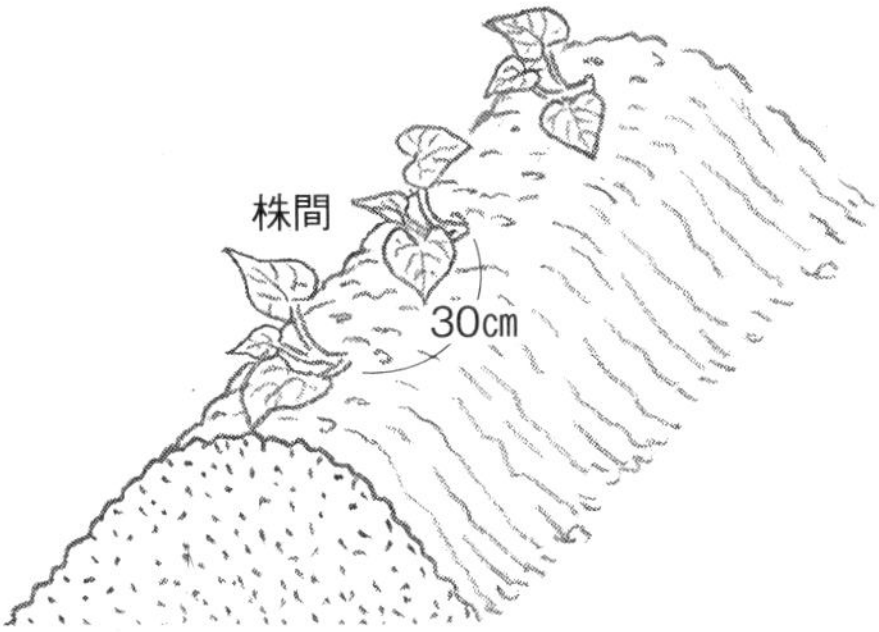

草抑え

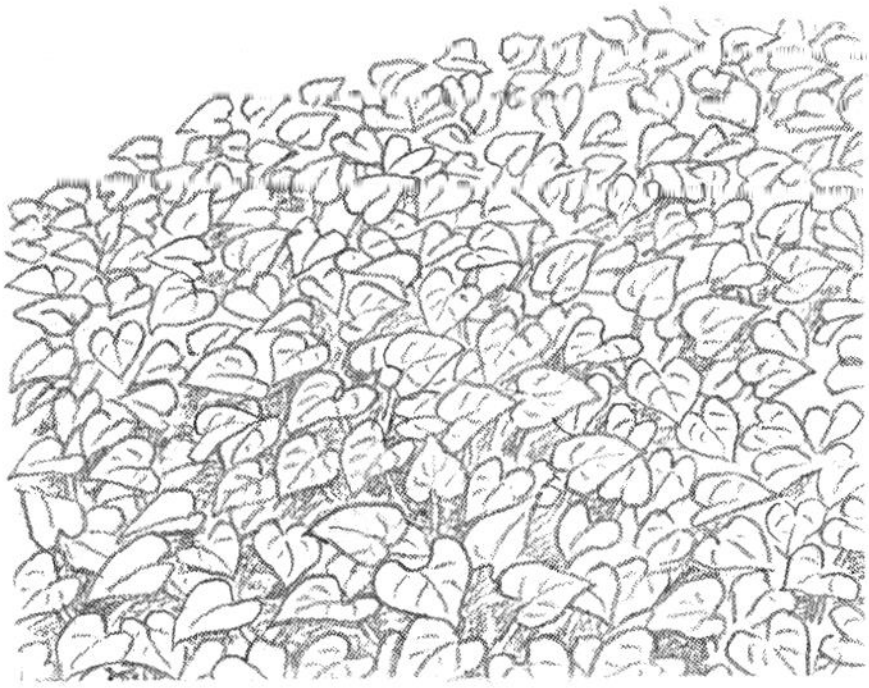

条間の草を刈り、蔓と葉が畑を覆うようにします

は他に直立挿し、水平挿しとがあり、直立挿しは芋の数は少なくなりますが芋自体は大きくなり、水平挿しは芋は小さくなりますが数は多くなるようです。

草抑え　蔓が伸び始めたら、夏の草に覆われないように条間の草を刈って抑えます。いったんサツマイモの蔓と葉が畑を覆ってしまえば、それほど草抑えの心配はいりませんが、草の種類によっては夏場に何度か蔓を持ち上げながら草を刈り、一時的に草を抑えます。刈った草はその場に置き、その上に蔓を戻します。

収穫　一〇月に入り、葉が紅葉し始めれば、収穫期に入ります。数株試し掘りして確認します。収穫の際には、芋に傷がつかないようにていねいに掘り上げます。掘り上げたあとは元のような状態に戻し、土を裸にしないようにします。

サツマイモは寒さには弱いので、収穫はあまり遅くならないようにします。気温が五℃以下になってくると、腐るものが出てきます。冬の間まで収穫をしないで置いたままにしておくと腐ってしまいますし、イノシシがいる地域ではとくに狙われますので、一〇月に一時に掘り上げます。収穫して少し時間がたつと水分が抜け、デンプンが分解され、甘味が増してきます。

収穫して一～二ヶ月たつと、とても甘いサツマイモが楽しめます。サツマイモの冬の貯蔵は工夫が必要で、わたしも何度か失敗を経験して通常年内に販売し（食べ）終えるようにしています。

種芋づくりのコツ

種用の芋は大き過ぎず、小さ過ぎない傷のないものを選びます。それをひとつひとつ新聞紙に包んで段ボールか発泡スチロールの箱に入れ、家の中の気温の下がりにくいところに置いて貯蔵しています。大量でなければ冬期貯蔵も、この方法でおこなうことができます。

メモ

サツマイモはイノシシとの攻防の歴史が、わたしの経験のなかでは一番長い作物です。

根菜類

サトイモ

素顔と栽培特性

インドからインドシナ半島にかけてが原産のサトイモ科の芋で、日本には縄文時代に渡ってきたと言われています。湿り気と高温を好みます。わたしの畑は段々畑でサトイモの場合、乾燥しやすい上の段の畑よりもできるだけ下の段の湿り気のある畑で育てたほうが、元気に育っています。乾燥に気をつければ草にも負けず、元気な姿を見せてくれます。

子芋を食す品種、子芋、親芋両方を食す品種、また茎をズイキ（芋ガラ）として食すことができる品種があります。芋の形の変わった細長いエビイモ、京イモなどもあります。野生のサトイモでは蔓のようにランナーを出すものがあり、それが栽培化され、そのランナーを食用にする品種もあるようです。

前年、栽培した親芋を種芋として使うと、ミズバショウのようなサトイモの花を見られることがあります。

●作業暦

月	作業
1月	収穫
2月	収穫
3月	収穫
4月	○
5月	○
6月	
7月	
8月	
9月	
10月	
11月	収穫
12月	収穫

○種降ろし・育苗　▒収穫

おすすめの品種

子芋用としては土垂《どだれ》、石川早生。親子芋兼用は赤芽、セレベス、八ツ頭《がしら》など。また、ズイキを食すことができる八ツ頭がおすすめです。

育て方のポイント

種降ろし　高温を好む作物で、種芋を植えつける時期は四月から五月にかけてです。一般的には芋を植えつけ、芽が出てから生長に伴い、土寄せをして栽培しますが、わたしは土寄せをせずに育てていますので、少し深めに植えつけています。種芋の大きさによって小さいものは移植ゴテ、大きいものはスコップで穴を掘ります。芽が出るほうを上にして、芋の芽の位置が地上部から一〇～二〇㎝くらいになるようにし、植えつけたら土を元のように戻し、草をかけ、土が裸にならないようにします。条間九〇㎝、株間六〇㎝を基本にします。

サトイモは種芋の上に親芋ができ、そのまわりに子芋、孫芋の順に生長します。次の年に栽培する種芋には前年に育った子芋を利用しますが、わたしは親芋も種芋として利用しています。

発芽　四月に植えると一ヶ月から一ヶ月半くらい、地温が上がってからだと二〇日くらいで発芽します。

草抑え　背の高い草や蔓性の草が葉まで覆ってしまうことがなければ、それほど草抑えをまめにする必要はなく、かえってまわりの草があることが湿り気を保ってくれます。

乾燥がきついと葉が垂れ、水平を保っていれば充分な水分がある目安となります。草抑えをするときはジャガイモ同様、条間一列おきにするなど一度に環境を変えないように、乾燥をすすめることがないように配慮しながらおこないます。

収穫　一一月から一二月にかけて霜が降り、葉が枯れたら収穫期に入ります。翌春、芽が出る四月頃まで食すことができ、必要な分ずつ掘り上げます。

冬期の貯蔵の仕方としては、掘り上げずに育ったその場所にそのままにして土や草を厚めにかける場合と、丸ごと（種芋、親芋、子・孫芋がついたまま）掘り上げ、もう一度深い穴に埋める仕方があります。

わたしは始めて数年は掘り上げてもう一度埋め直して貯蔵していましたが、現在は作付け面積が広がったこと、冬が短くなり暖冬傾向が続いていることなどの理由で草を厚めにかけ、必要な分ずつ掘り上げる貯蔵をしています。

この場合、寒さで傷んでしまう心配もあるので冬期、朝日が当たるのが遅く気温、地温が下がる場所で育てたものから先に利用し、冬の間から翌春利用するものは朝日が早く当たり、気温、地温が下がり

湿り気が保たれているサトイモ畑

芽を出したサトイモ

サトイモを植えつける

にくい場所のものを後にします。伊豆半島（わたしの畑は標高二五〇ｍと少し高いのですが）では、多少傷むことがありますが、この方法でも大丈夫です。

掘り上げて埋め直す貯蔵の場合は、貯蔵する芋の量によって大きさ、広さは変わりますが、深さ一ｍくらいに穴を掘り、下にわらやススキなどで敷き草をし、その上に芋を切り離さないで一株丸ごとの状態で逆さに置いていって土を戻し、雨水が浸み込まないようにトタンなどをかぶせておきます。

●種芋づくりのコツ

貯蔵しておいた芋の中で傷がなく、形のよいものを種芋として利用します。

根菜類

ゴボウ

素顔と栽培特性

ヨーロッパ北部、または中国が原産と言われるキク科の根菜で、日本では縄文時代の遺跡から種が発掘されています。

大きく分けて三〇～六〇cmくらいの短根で太いものと、七〇～一二〇cmの長くて細い品種のものがあります。短根の代表的なものに千葉県の成田山新勝寺の精進料理として出てくる大浦太ごぼう、長根のものに滝野川ごぼう、柳川理想ごぼうなどがあります。

おすすめの品種

短根で太くなる大浦太ごぼうは香りがよく、おすすめです。短根ですが間引きを控え目にして密植して育てるとあまり太らず、長さも六〇cmを越えるものになります。このほか、地域の在来種、育成種など。

作業暦

月	作業
1月	収穫
2月	収穫
3月	収穫・種降ろし・育苗
4月	種降ろし・育苗
5月	種降ろし・育苗
6月	
7月	
8月	
9月	
10月	
11月	収穫
12月	収穫

○種降ろし・育苗　▒収穫

育て方のポイント

畑の準備　湿り気が保たれ、水はけのよい畑では問題ありませんが、水はけが悪く過湿になってしまう畑でゴボウを育てる場合は、トマトと同じように高めの畝を立てたり、短根の品種を選んだりして対応します。

種降ろし　三～五月の春まきと九～一〇月の秋まきのどちらでも栽培できます。条間六〇cm、鍬幅に種間一～三cmで一条か二条のすじまきにします。ゴボウの種は好光性で、覆土、草かけは厚くならない

収穫したゴボウ（大浦太ごぼう）

条間の草を抑えたゴボウ畑

霜で葉が枯れ、収穫期も近い

ようにしますが、発芽には湿り気が必要で乾かないように気を配ります。ニンジンと同じように、発芽したときは、これで大丈夫と安心します。

発芽　一週間から二週間で発芽しますが、双葉は丸くて少し大きめの葉で、かけた草が生育の邪魔にならないように様子を見て調整します。あくまでも土に光を当てず、乾燥させないように配慮してください。

間引き　生長はゆっくりで発芽しても、そのあと自然に間引かれるものもありますので、あわてずゆっくり本葉三～四枚を過ぎてから徐々におこないます。春まきの場合、四～五月になると草の生育も旺盛となり、間引き作業とともに除草作業をおこないます。まきすじのところの除草は、鋏で地際のところを切り、根は抜かず、そのままにします。切った地上部はその場に置きます。間引きは根元を持ってスッと引き抜きます。間引いた葉と根は油炒め、天プラ、酢みそあえなどで食べます。この間引いたものと同じような葉ごぼうの収穫専用の品種もあります。

間引きは生長に合わせ、何度かに分けておこないます。葉は立ち性で、葉と葉が少し重なり合う距離を保ちながら、品種にもよりますが最終的には株間一〇～二〇cmに一株の間隔にします。

収穫　春まきの場合、霜が降り、葉が枯れてからが本格的な収穫期です。翌春三月頃、一度枯れた葉からまた新芽が出てきます。この頃までが収穫期です。秋から翌春までそのままにした状態で、その都度掘り上げて収穫します。

根菜の中でもダイコン、ニンジンは根元、首のところを持ってスッと引き抜いて収穫できますが、ゴボウの場合は移植ゴテで株回りを掘り、しっかり握って引き抜きます。収穫に際して土を大きく動かしてしまいますので、収穫後はすみやかに元のように土を戻しておきます。そしてゴボウの後作に次の栽培をスタートするときは、わたしの場合は掘り返したところの場所に草が元気に育ち始める姿を目安にしています。

土によって、また過湿で叉根《またね》（直根類の根がまっすぐ伸びずに分岐すること）になることがありますが、耕さなくても粘土層を突き抜けてまっすぐに育っている姿を見ると、耕さなくても作物が育つことが確認できます。

総苞に種が入っている（大浦太ごぼう）

種採りのコツ

トウが立ち始め、高さは背丈を越えるほどになります。アザミに似た紫のきれいな花が咲きます。開花して、しばらくたって茶色く枯れた頃に刈り取ります。乾燥させ、棒や手でたたいて種を取り出します。しっかりした種を乾燥させ、保管します。

根菜類

ニンジン

素顔と栽培特性

原産は中央アジアから西アジアで一六～一七世紀頃、中国から日本に渡ってきたセリ科の根菜です。湿り気を好みます。ニンジンには東洋系と西洋系があり、京野菜の金時《きんとき》人参は葉が粗く芯が太い数少ない東洋系で、それ以外の日本で栽培されているほとんどが西洋系のようです。

また、長さによって三寸、四寸、五寸、長系とあり、長系の金時人参は根の長さ三〇cm、国分《こくぶ》鮮紅人参は六〇cmにもなります。三～四月の春まき、六～七月の夏まき、八～九月の秋まきがあり、それぞれの栽培時期に合った品種があります。逆に言うと品種によって栽培適期が異なります。

●作業暦

月	作業
1月	収穫
2月	収穫
3月	収穫
4月	収穫
5月	
6月	
7月	○
8月	○
9月	○
10月	
11月	収穫
12月	収穫

○種降ろし・育苗　▒収穫

自然農でニンジンを育てると一般的に言われるニンジン臭さがなく、とても食べやすいです。

おすすめの品種

小泉冬越五寸人参は寒さに強く、トウ立ちが遅く

収穫したばかりのニンジン（黒田五寸）

鍬幅にすじばらまきをする

間引きをおこなう

生育期のニンジン畑

トウ立ちの遅い小泉冬越五寸人参

夏まき、秋まきにおすすめです。このほか、地域の在来種、育成種、外来種など。

育て方のポイント

種降ろし　品種に合った時期、または時期に合わせた品種を選びます。

購入した種の説明書きでは、ほとんどのものに発芽率七〇％と書かれていて、他の野菜などに比べて発芽率が低めです。ニンジンは湿り気を好み、種は好光性で覆土、草かけは薄めにしますが、乾燥してしまうと発芽が悪く、揃わないため雨が降った後、またはこれから雨が降りそうというときに種降ろしをします。

そのため、六〜七月の夏まきは梅雨時で発芽が揃いやすく、基本的に灌水を前提とせず、自然の営みに添う自然農では育てやすいのです。発芽がきれいに揃うとニンジンの場合はとくに安心します。

条間五〇〜六〇㎝で、鍬幅にすじばらまきします。まき幅がニンジンで覆われるように厚めに種を降ろします。密にしたほうが支え合い、助け合って

ニンジンのつくり方

種降ろし

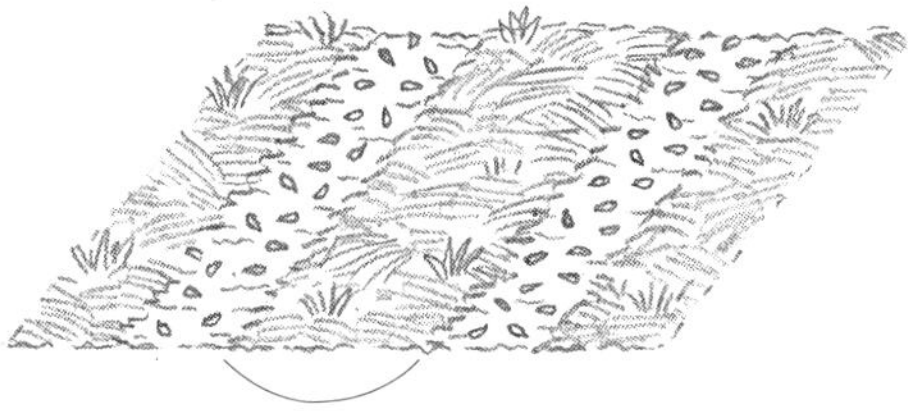

鍬幅にすじばらまきします

収穫

しっかり握って引き抜きます
葉っぱもおいしく食べられます

間引き

混み合ったところを徐々に間引きます。
最終株間は5 〜 10㎝に1株にします

種採り

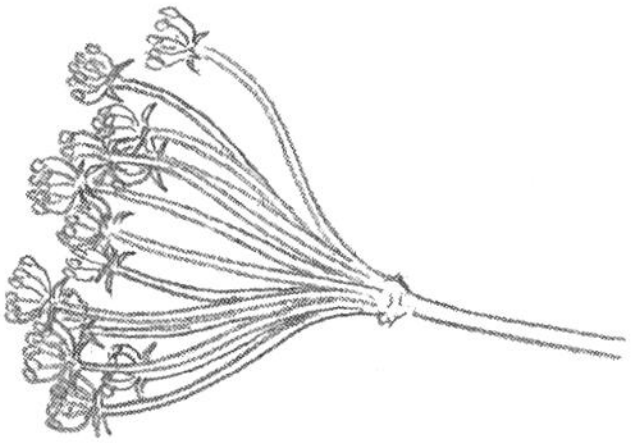

傘花を摘み取り、乾燥させて手で
ほぐし、種を取り出します

草にも負けず生育が良いです。

発芽　六〜九日で発芽します。

間引き　初期の生育がゆっくりで葉も細いため、まきすじに草が出たら、間引きを兼ねながら除草します。あわてず、ゆっくりと窮屈そうに感じたところを間引いていきます。何度かに分けておこない、最終的に株間を五〜一〇㎝として元気なものを残します。

間引きは根ごとスッと抜きます。間引き菜はゴマや雑魚と一緒に油炒めにしたり、天プラ、お浸しなどにするととても美味です。根が少し太ってきた頃に間引いたものは、ミニニンジンとして根と葉と揃って丸ごと料理に生かせます。

収穫　種を降ろして、三〜四ヶ月で収穫期になります。春まきは収穫が始まって一ヶ月くらいするとトウが立ち始めますが、夏まき、秋まきでは収穫が始まって翌春にトウが立ち始めるまで数ヶ月間収穫できます。

食べ切れないほどたくさん収穫できたら、搾ってジュースにしたり、細く切って乾燥させ、切り干しにしてもよいです。

傘花を咲かす。着色後、摘み取って採種

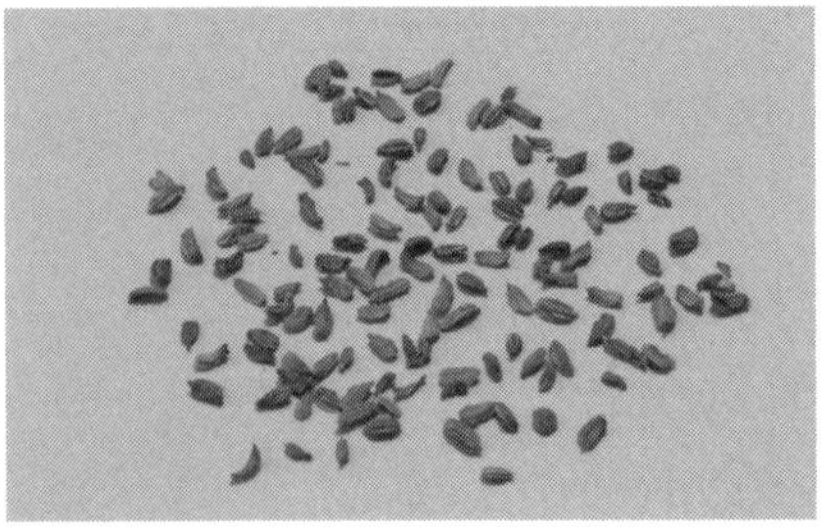

ニンジンの種

●種採りのコツ

簡単に種採りをするためには、春にトウが立ち、大きな白い花が咲いたあとに穂を刈り取り、種を採ります。色、つや、形などを揃えながら種をつないでいくためには、一度収穫した中からこれはと思うものを選び（母本選抜）、もう一度畑に植えつけて種を採ります。ダイコン、カブなども同様です。

根菜類

ショウガ

素顔と栽培特性

熱帯アジアが原産のショウガ科の多年生根菜で、高温、多湿を好みます。日本には古く中国から伝わりました。早生の小ショウガ、中生の中ショウガ、晩生の大ショウガに分かれます。また、利用する時期で葉ショウガ（筆ショウガ）、根ショウガの呼び名があります。植えた種ショウガの上に子ショウガ（新ショウガ）ができますが、この種ショウガは古根ショウガ（ヒネショウガ）として利用します。漢方の生薬のひとつです。

　薬味として、お寿司のガリなどの漬け物として、また自然療法のショウガ湿布などで利用でき、自然農で育てたショウガは辛味が強く、ショウガの特長が生かせます。

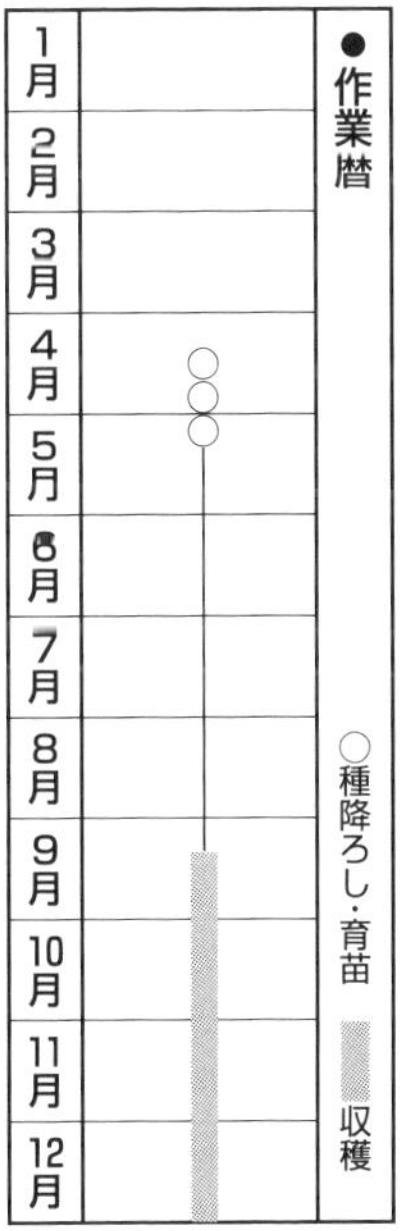

おすすめの品種

　赤味の濃い小ショウガの金時、谷中《やなか》。中ショウガの三州《さんしゅう》。漬け物やガリなどに大ショウガの近江《おうみ》、印度があります。

育て方のポイント

種降ろし　小さめのものはそのまま、大きめのものは新芽を数個ずつつけて割って種にします。条間五〇cm、株間二〇cmを基本にし、深さ一〇cm前後に芽を上にして植えつけます。土を戻し、草をかけます。気温地温が上がる四月後半から五月にかけて植えつけます。

発芽　発芽まで一ヶ月近く、また、場合によっては一ヶ月以上かかります。暑さとともに時間をかけて一本ずつ芽が出てきます。

草抑え　芽が出たら、株回りの草を少していねいに刈って草を抑えます。乾燥しないように、刈った草は株元に敷いておきます。

収穫　八月から九月にかけて生育途中のものを茎葉をつけて葉ショウガとして収穫し、一〇月以降、霜が降りる前には根ショウガとして掘り上げ、利用します。根ショウガは春に植えた種ショウガの上にできます。この種ショウガは繊維が多いのですが、古根ショウガ（ヒネショウガ）として利用します。

種用の大ショウガ

生育期に株回りの草を抑える

●種づくりのコツ

収穫した根ショウガを翌年の種にします。暖かいところでは、そのままの状態で貯蔵できますが、ショウガはサツマイモと同じように寒さには弱く、一〇℃以下になると腐りやすくなり、貯蔵に工夫を要します。

わたしはこれという方法を身につけておらず、貯蔵法を模索中です。静岡の自然農の仲間の貯蔵法を紹介します。

発泡スチロールの箱に土を入れて、その中に根ショウガを入れ、家の中の気温が下がりにくいところに置いて貯蔵します。こうすると腐らず干からびず、翌春まで貯蔵できるようです。

豆類

絹サヤエンドウ

●素顔と栽培特性

地中海沿岸が原産で、日本には奈良から平安時代にかけて渡ってきたマメ科の野菜です。春まきのものもありますが、多くが秋に種を降ろし、翌春四月から六月にかけて収穫します。

サヤごと野菜として食べますが、穫り遅れてサヤがふくらんだ中の豆をグリンピースとして、また、もっと熟させて白くなった豆をえんどう豆として利用することができます。その場合、グリンピース（実えんどう）用の品種よりも豆としては小さいです。

品種によって赤花種、白花種、蔓あり種、蔓なし種に分けられます。また、莢が大きな仏国大サヤエンドウという品種もあります。

冬を越して生育しますので、寒さに負けないように日当たりのよいところを選んだほうが育ちがよいです。

●作業暦

月	作業
1月	
2月	
3月	
4月	収穫
5月	収穫
6月	収穫
7月	
8月	
9月	
10月	
11月	○○○
12月	

○種降ろし・育苗　▒収穫

●おすすめの品種

白花、蔓ありの兵庫絹サヤエンドウがおすすめです。このほか、地域の在来種、育成種など。

●育て方のポイント

種降ろし　時期は一一月から一二月上旬にかけて。蔓ありのものは蔓が伸びて上に生長しますが、分枝して横にも広がっていきますので条間を一ｍ五〇㎝から二ｍくらい、ゆったりととります。株間は三〇㎝前後とし、一ヶ所二～三粒ずつ種を降ろします。直径一〇cm前後、鎌で草を刈り、土を出し、大きな根は取り除きます。指先を土に押し込んで種間三〜五cm、深さ一cmくらいのまき穴をつくります。そこに種を降ろしたあと土を戻し、草をかけます。草かけは発芽の邪魔にならないようにします。

暖かいうちに早く種を降ろすと、冬が来る前に生長し過ぎて寒さに負けてしまい、また、遅くなると充分に根を伸ばせず冬を越せないことになるので、その土地の適期に種を降ろすことが元気に健康に育てる基本です。秋に種降ろしの時期を逃がしてしまった場合は、翌春に春まき用の品種を育てることができますが、わたしのところでは冬を越したもののほうが育ちがよく、できるだけ秋の適期に種を降ろすように心がけています。

発芽　一〇日前後で発芽します。

間引き　自然に間引かれてしまうものもあるので冬の間はそのままで、冬を越し、蔓が伸び始める頃に生長の様子で一ヶ所一〜三本に間引きます。二〜三粒ずつ種を降ろしたときは、わたしは間引かず育てることが多いです。

支柱立て　一一月中旬から一二月の初め頃に霜が降り始めますが、防寒、霜除けのために、できるだけ寒さが厳しくなる前に笹を立てておきます。春、暖かさとともに蔓が上へと伸び始める頃には、この笹が第一段の支柱となり、ここを伝って上へ伸びていくようになります。生長に遅れないように、三月から四月頃に支柱を立てます。

わたしは高さ二mくらいのものを合掌式に立てます。そして蔓がつかまりやすいように縦、横に麻紐を張ります。網目の大きなキュウリ用ネットを使ってもよいです。

草抑え　冬の間は地を這うように伸びる草がほとんどで、草抑えの必要はほとんどありません。絹サヤエンドウは、草とともに厳しい冬を乗り越えます。その姿を見ていると、寒害も霜の害も草と一緒のほうが少なくなるように思えます。

春、絹サヤエンドウが蔓を伸ばし始める頃、同じように草も伸び始めます。絹サヤエンドウのほうが草の上に伸びているようでしたら、あわてて草抑えをする必要はありません。草の種類によりますが、

収穫最盛期の絹サヤエンドウ

エンドウの種

竹、笹の下で冬越し（兵庫絹サヤ）

収穫まで一度も草抑えをしないですむ場合もあります。春、同じマメ科のカラスノエンドウが近くで育っていると、アブラムシは絹サヤエンドウにはこないでカラスノエンドウの芽先にびっしり群がっている光景をよく目にします。

収穫　四月から五月にかけて、品種によって赤や白の花が次々と咲き、莢ができます。莢がぷっくりとふくらむ前が収穫期です。なり始めると、下から順に次々と収穫できます。多少穫り遅れて少しふくらんだものもしっかりした歯ごたえがあり、おいしいです。かなりふくらんでしまったら、そのまま太らせ、中の豆をグリンピースとして、また、もっと熟させてエンドウ豆として三とおりの収穫ができます。

種採りのコツ

莢をそのまま熟させ、葉が枯れ、莢が褐色になったら収穫します。乾かして種を取り出し、保管します。

豆類

スナックエンドウ

●素顔と栽培特性

莢ごと食べますが、絹サヤエンドウよりもぷっくりと莢を太らせて収穫します。とても甘味が強く、軽くゆでて食べられます。

●おすすめの品種

スナックエンドウ（サカタのタネ）、スナップエンドウ（タキイ種苗）など。蔓あり種は、収穫期間が長く、量が穫れます。支柱が用意できないときや風の強いところなどは蔓なし種がよいでしょう。

●育て方のポイント

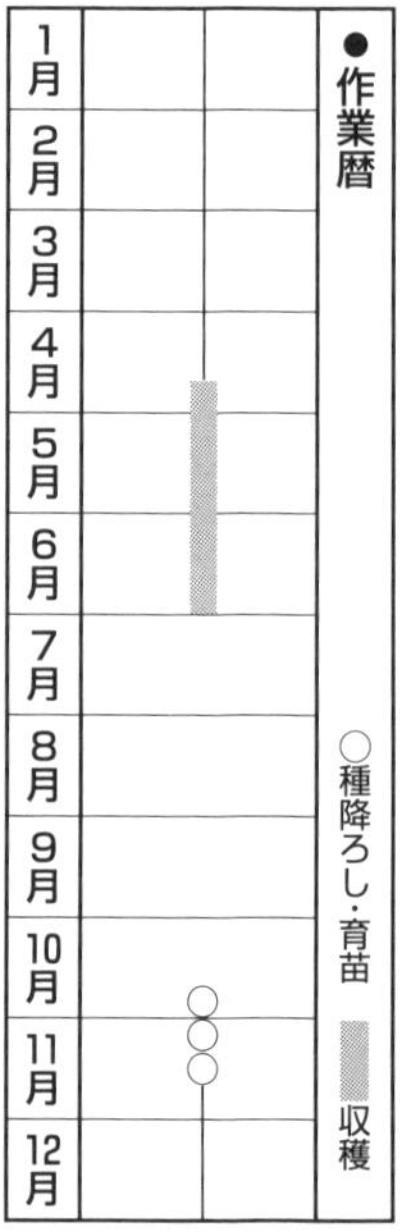

種降ろし　絹サヤエンドウより少し早い一〇月下旬から一一月中旬が、種降ろしの時期です。絹サヤエンドウは分枝して横にも広がりますが、スナックエンドウは分枝が少なく上に伸びていきますので、条間一～一・五m、株間は二五～三〇㎝くらいとします。狭い畑では、条間一mの二条としてもよいです。わたしは一ヶ所二～三粒ずつ種を降ろし、そのまま間引きせず、最後まで育てています。春まきの場合は二月に種を降ろします。

発芽　一〇日から二週間で発芽します。

支柱立て　蔓あり種の場合は、絹サヤエンドウと同じ要領で支柱を立てます。

草抑え　絹サヤエンドウと同じ要領でおこないます。

収穫　五月に入り、莢がぷっくりと太ったら収穫期です。

豆類

サヤインゲン モロッコインゲン

・素顔と栽培特性

中央アメリカが原産で、江戸時代に中国の隠元禅師によって伝えられたと言われていますが定かではありません。隠元豆、別名が菜豆《さいとう》。インド、ブラジル、中国で多く栽培され、豆の中ではダイズ、ラッカセイに次いで広く栽培されています。蔓が伸び、支柱を立てて育てる蔓あり種と、支柱を立てずに育てる蔓なし種があります。

蔓あり種は下から次々に莢をつけ、収穫期間が長く、蔓なし種は短い期間に一時になります。風の強い地方や支柱が用意できないときには、蔓なし種を選ぶとよいと思います。収穫期間の短さは、適期内に何度かに分けて種を降ろすことで多少はカバーできます。丸い莢の他に平たく大きい平莢インゲン、モロッコインゲンがあります。

気温が上がってくる四月から八月中旬頃まで種を降ろすことができ、蔓あり種の場合は真夏をはさんで収穫のピークが二度あります。五月に種を降ろした場合は、七月に収穫して真夏は落花が増え、実を結ばず、九月に入ってからまた収穫できるようになります。七〜八月に種を降ろした場合は、九〜一〇月にかけてが収穫期になります。そのことからかどうかわかりませんが、「二度成り」や「三度豆」と呼ばれます。

サヤインゲンは夏の豆のイメージがありますが、

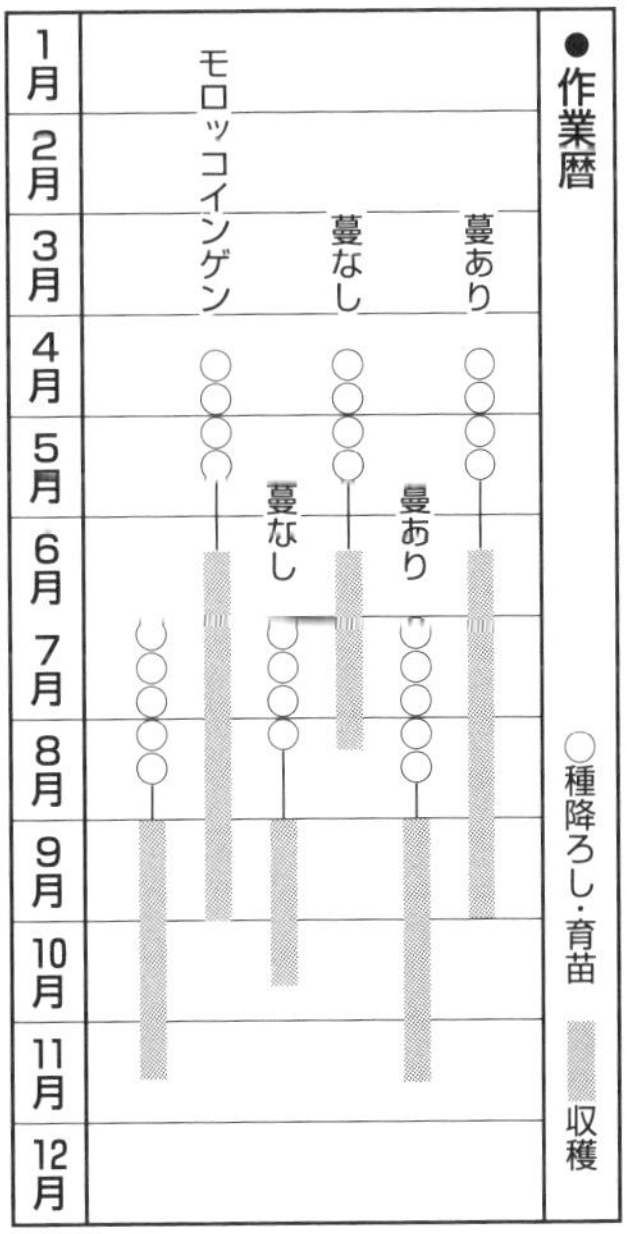

わたしの経験では七～八月に種を降ろして涼しくなっていく頃に収穫期を迎えたほうが元気がよく、実りも多いです。気温が高くなっていく時期よりも気温が下がっていく時期に育つものは、じっくりと生育していくようです。

ただ、台風が多い年の場合は、強風でズタズタになってしまうこともあり、秋に収穫する場合は、支柱をしっかり立てるなどして風対策をしておく必要があります。

おすすめの品種

蔓ありの群馬尺五寸（カネコ種苗）、越谷《こしがや》インゲン（自然農法国際研究開発センター）、モロッコインゲン、平莢インゲンは蔓ありのブロードウェイ（渡辺採種場）、島村インゲンがおすすめです。

育て方のポイント

種降ろし　四月下旬頃から八月初め頃までが適期です。わたしは五月と七～八月の二回に分けて、種降ろしをしています。株間三〇cm、条間一mで二条にし、合掌式の支柱を立てます。蔓なし種の場合、株間三〇cm、条間六〇cmにします。一ヶ所二粒ずつ、種間五cm前後で深さ一cmくらいに種を置きます。二粒のときは間引きせずに育てています。

発芽　四、五月まきで一〇日前後、八月まきで五日前後で発芽します。

支柱立て　インゲンは暖かくなる時期の栽培で生長が早く、支柱を立て遅れると蔓が行き先に困ってしまうので、わたしは種を降ろす前にあらかじめ支柱を立てています。高い支柱でもどんどん巻きついて、元気に伸びていきます。わたしは三m前後の長い支柱を使っています。上のほうになると脚立を使って収穫しています。一ヶ所一本ずつの支柱を立てますが、数が用意できないときは、細目の大きなネットなどを利用するとよいでしょう。

草抑え　蔓ありの場合は蔓が伸び始める、まだ幼いときに、草に負けないようにしてください。蔓が伸び、支柱に巻き始めれば大丈夫ですが、風通しが悪くなったとき、日当たりが悪くなったときには草を刈ります。ちょうど夏の時期ですので一度に周囲

収穫期のインゲン

サヤインゲンの発芽（群馬尺五寸）

支柱を立てたインゲン畑

の草を刈ってしまうと、乾き過ぎてしまったり暑さにまいってしまったりします。草を刈って抑えるところ、残すところを決めておこないます。手を加えるときの加減を経験のなかでつかむようにしてください。蔓なしの場合は上へ伸びませんので適宜、生長に合わせて草抑えをします。

収穫　蔓ありの場合、種を降ろしてから約二ヶ月で収穫期に入り、一ヶ月以上にわたり、下から徐々に花が咲き、莢をつけます。若莢で収穫しますが、少しふくらんだものもしっかりと豆の味がして煮物などにとても適しています。蔓なしの場合は蔓ありよりも収穫期間が短く、開花が一斉で収穫も一時に訪れます。

種採りのコツ

莢ごとカラカラに茶色になるまで熟させます。莢ごと刈り取り、乾燥させ、莢から豆を取り出し、保管します。種採りには七、八月の種降ろしで秋に収穫した最盛期のものが適しています。

豆類

ソラマメ

素顔と栽培特性

中央アジアが原産で、日本には奈良、平安時代に渡ってきた大きな粒のマメ科の野菜です。莢が空に向いてつくことから空豆、また、莢が蚕《かいこ》の形に似ていることから蚕豆とも書きます。また、収穫時期から五月豆とも呼ばれます。

早生、中生、晩生の品種があり、粒の大きさも小粒、中粒、大粒があります。品種によって一莢に二～三粒入るものから五～六粒入るものまでありま す。絹サヤエンドウ、スナックエンドウ、グリンピース同様、寒い冬を越して育ちますので日当たりのよい畑を選びます。

●作業暦

月	作業
1月	
2月	
3月	
4月	
5月	▒
6月	▒
7月	
8月	
9月	
10月	○
11月	○
12月	

○種降ろし・育苗　▒収穫

おすすめの品種

中粒で一莢に五～六粒入る讃岐《さぬき》長莢《ながざや》、大粒で一莢に二～三粒入る陵西一寸《りょうさいいっすん》がおすすめです。

育て方のポイント

種降ろし　一〇月上旬から一一月中旬が種降ろしの時期です。条間一m、株間三〇cmを基本にし、一ヶ所二粒ずつ種を降ろします。種は寝せるように一～二cmの深さに置き、土を戻し、草もかけておきます。

草は発芽の邪魔にならないように、調整してかけます。絹サヤエンドウなどと同様に寒い冬を越して生長しますので、早まきし過ぎると冬前に育ち過ぎて、また、遅まきすると根がしっかり張れないうち

五月に入り、どんどん生長する

種降ろし後、２週間で発芽

冬を越して生育（讃岐長莢）

に厳しい寒さがきてしまい、寒害を受けて枯れてしまうこともあります。

その土地、その年の様子で種降ろしの時期を決めます。本葉四〜五枚で冬越しするくらいが寒さにも耐え、ちょうどよい感じです。

発芽　発芽まで約二週間です。

間引き　わたしは一ヶ所二粒ずつとし間引きせず、そのまま最後まで育てています。三〜四粒とした場合は、三月頃に一ヶ所一〜二本立てにします。寒さの中、じっとしていたソラマメが春の訪れとともに目に見えるように生長を始める頃です。

支柱立て　三月から四月になるとソラマメは上に伸びるとともに側枝が出て、横にも広がるように生長します。倒伏を防ぐために四隅に支柱を立て、紐を張ってソラマメを囲むようにします。

生長　春になって芽先や莢にアブラムシがつくことがありますが、そのまままかせておいても枯れてしまうのは稀で、飛来してきたナナホシテントウムシと孵化した幼虫が、すごい勢いでアブラムシを食べ尽くします。人為で捕殺することもありますが、

採種用の乾燥した莢(讃岐長莢)

収穫期を迎える(讃岐長莢)

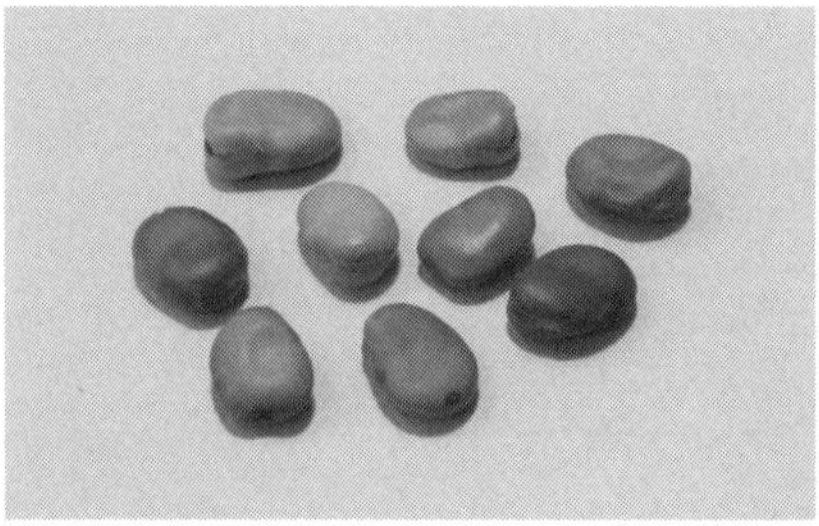

ソラマメの種(そら豆姫路在来)

収穫した莢(讃岐長莢)

虫は虫にまかせ、作物の生命力にまかせることを基本にします。

四月から五月の開花着莢《ちゃっきょう》期に乾燥すると、落花や粒の入りが悪くなることがありますが、草と共生し、土が裸になっていない自然農の畑は、適度な湿り気が保たれ、それほど心配はいりません。

収穫　次々と花が咲き、莢ができ始めます。五月に入って開花から一ヶ月を過ぎる頃から、上を向いていた莢が下を向き始めます。莢が下を向き、背筋が黒褐色になったら収穫期です。

種採りのコツ

莢全体がまっ黒に熟したものを採ります。時期が梅雨の時期と重なるので、湿気のないときを選んでよく乾いたものを採ります。カラカラになった莢から豆を取り出し、乾燥させ、ビンや缶などで保管します。保存した種にソラマメゾウムシが小さな穴をあけているものがありますが、発芽、生長にはあまり影響はないようです。

豆類

エダマメ

素顔と栽培特性

中国が原産で、日本に渡ってきたのは古く縄文時代と言われています。ダイズとして完熟する前の未熟な豆を野菜として利用するのがエダマメです。極早生から晩生の品種があり、また、品種によって黄緑、黒色のがあります。

おすすめの品種

だだ茶豆、黒崎茶豆、丹波黒。地域の在来種、育成種など。

育て方のポイント

種降ろし　時期は四～六月頃で極早生、早生の品

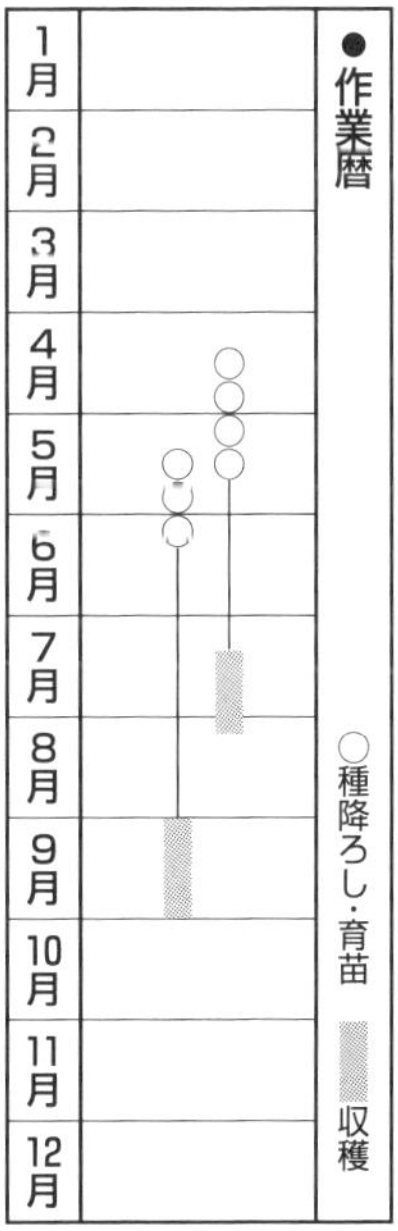

種から始まり、中生、晩生と種降ろしの時期が少しずつ異なります。異なる品種を組み合わせて栽培したり、同じ品種でも何度かに分けて種降ろしをすることで収穫期の幅を広げることができます。

条間六〇cm、株間二〇cmを基本にして一ヶ所二～

収穫期のエダマメ

5～10日で発芽

生育期のエダマメ（周囲は穂刈り後のムギ）

1ヶ所に2～3粒の種を降ろす

三粒ずつ種を降ろします。種間を三～五cmとります。しっかりと土の中に深さ一～二cmに種を降ろし、土を戻し、草をかけます。草をかけることで、乾燥や鳥に食べられてしまうことが防げます。様子を見て発芽の妨げになるようであれば、かけた草を調整します。

発芽　五～一〇日で発芽します。

間引き　二粒種を降ろしたときはそのまま、三粒以上のときは草丈一〇cm前後の頃、間引きをして元気なもの二本立てにします。

収穫　種を降ろしてから、三～四ヶ月で収穫期に入ります。莢をさわってみて、ほとんどの莢にしっかり実が入っているようでしたら、株元から切って収穫します。外からさわってみてわからないようであれば、莢をいくつか割って確かめて収穫します。

種採りのコツ

葉が落ち始め、株が褐色になったら刈り取り、乾燥させ、莢から豆を取り出します。この種となる豆はダイズです。

エダマメのつくり方

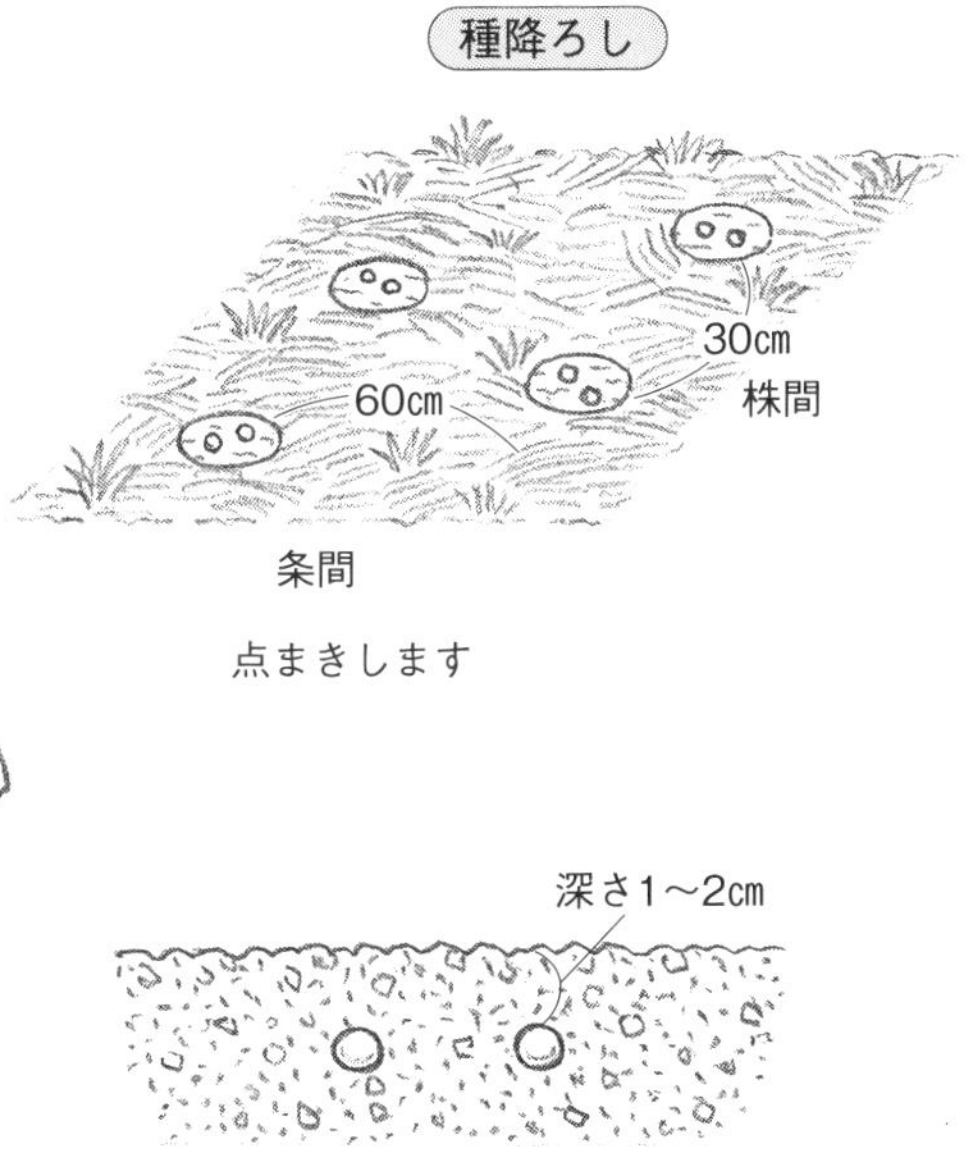
種降ろし
30cm
株間
60cm
条間
点まきします
深さ1～2cm

収穫
豆がぷっくりと
ふくらんだら
収穫です

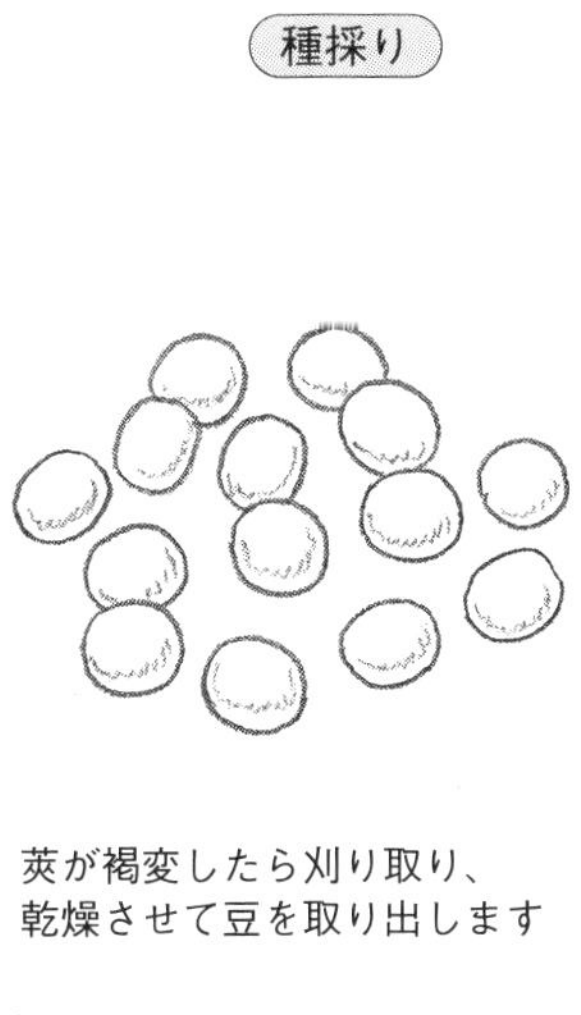
種採り
莢が褐変したら刈り取り、
乾燥させて豆を取り出します

生長
1ヶ所の株を2本立てにします

豆類

ササゲ

素顔と栽培特性

アジア、アフリカの熱帯地方原産のマメ科の蔓性一年生作物です。日本には九世紀に渡来しました。サヤインゲンを細く数倍長くした形をしています。最初育てたときには、あまりの長さにびっくりしました。

完熟すると豆として利用できますが、若いうちに緑色の莢ごと野菜として利用します。真夏、サヤインゲンが実がつかない時期に、旺盛に生育して実を結ぶので重宝します。黒い豆のものと、赤い豆のものがあります。

おすすめの品種

●作業暦

○種降ろし・育苗　▒収穫

月	作業
1月	
2月	
3月	
4月	
5月	○
6月	○
7月	○
8月	▒
9月	▒
10月	▒
11月	
12月	

莢ごと若いうちに食べるのにおすすめなのが、緑色の濃い三尺ささげ、けごんの滝、そして薄い緑色の十六ささげです。

育て方のポイント

種降ろし　育て方は、サヤインゲンと同じようにします。五～七月が種降ろしの時期です。株間三〇cm、条間一mで二条で育てます。一ヶ所二～三粒ずつ種を降ろします。種はサヤインゲンよりも小粒です。

発芽　約一週間で発芽します。

間引き　蔓が伸び始める頃、一ヶ所二本立てにします。

支柱立て　サヤインゲンと同じように、わたしは種を降ろす前にあらかじめ合掌式の支柱を立ててい

莢がみるみる長くなる（けごんの滝）

収穫最盛期のササゲ（三尺ささげ）

ます。上に伸びることができるように、二m以上の長さのものにしています。

収穫　莢はみるみる長くなります。長さは二〇cm以上になります。莢の中の豆がぷっくりとする前に収穫します。穫り遅れてしまったものは完熟させ、豆として、次の年の種として利用します。

莢にアブラムシがついたり、ササゲゾウムシが中に入ることがありますが、無理なく栽培すれば全体に及ぶことはありません。

種採りのコツ

莢が褐色になり、乾燥したら莢ごと収穫し、種を取り出し、保管します。

豆類

グリンピース

素顔と栽培特性

別名が実エンドウで、莢の中の丸々と太った豆を食します。栽培の仕方は絹サヤエンドウ、スナックエンドウとほぼ同様です。

おすすめの品種

目黒ウスイエンドウがおすすめです。

育て方のポイント

種降ろし　一〇月から一一月中旬に条間一m五〇cm、株間三〇cmを基本に一ヶ所二～三粒ずつ種を降ろし、間引きせずそのまま最後まで育てています。

発芽　一〇日から二週間で発芽します。

●作業暦

○種降ろし・育苗　▒収穫

月	作業
1月	
2月	
3月	
4月	
5月	▒
6月	▒
7月	
8月	
9月	
10月	○
11月	○
12月	

支柱立て　冬の間に防寒、防霜用に笹竹を立て、それが春になって蔓が伸び始めたときの支柱も兼ねます。暖かさとともに蔓がぐんぐん伸び始める三～四月頃に二m前後の高さの支柱を立て、生長に合わせて麻紐やネットを縦横に張ります。

草抑え　絹サヤエンドウと同じ要領でおこないます。

収穫　五月中旬頃から莢がぷっくりと太り、最初はつるんとした莢に皺が出始めたら収穫期です。莢を割って豆を取り出します。

種採りのコツ

莢をそのまま熟させ、茶色になりカラカラと乾いた状態まで置きます。莢から豆を取り出し、ビンや缶などで保管します。

豆類

ラッカセイ

素顔と栽培特性

南アメリカ、ボリビアが原産のマメ科の一年生作物です。豆類ではダイズに次いで世界中で広く栽培されています。とくにインド、中国で多いです。日本には一八世紀に中国から渡ってきました。そのためからか、南京豆《ナンキンまめ》という別名があります。

黄色の花が咲いたあと、子房柄《しぼうへい》が伸びて地中に入り、莢ができ、その中に豆が実ります。わたしは育ててみるまで土の中にラッカセイの豆ができる姿を想像できませんでした。自分で育ててみると、市販のものとは違う甘味のある豆を味わえます。また、煎るだけでなく、ゆでラッカセイの味は格別です。

品種によって横に広がるもの、上に立つように育つものがあり、また、豆の大きさで小粒のものと大粒のものがあります。

●作業暦

月	作業
1月	
2月	
3月	
4月	
5月	○○○
6月	
7月	
8月	
9月	
10月	▒
11月	
12月	

○種降ろし・育苗　▒収穫

おすすめの品種

地域の育成種、在来種など。

育て方のポイント

種降ろし　時期は五月。株間三〇cm前後、畝幅六〇～九〇cmに点まきします。一ヶ所に二～三粒、種間を五cm前後、深さ二～三cmにします。

発芽　一〇日から二週間で発芽します。

間引き　育ち具合を見て、一ヶ所一～二株立てにします。

草抑え　子房柄が地中に入りやすくするために株元を中心に大きな草を刈り除き、周辺に敷きます。

ラッカセイの発芽

莢ごと種として保管

生育期のラッカセイ（千葉半立）

収穫　一〇月から一一月にかけて、茎や葉が黄ばんで下葉が少し枯れ、落ちてきたら収穫期です。株元を持って株全体を引き抜きます。引き抜いたら日に当てて乾かし、莢を鋏で切り取ります。そのあと、莢を水で洗います。莢ごと煎っても、ゆでてもどちらでもおいしいです。豆は脂肪が多く、搾って油を採ることもできます。

種採りのコツ

収穫がそのまま種採りとなります。莢ごと乾燥させ、保管します。そして種降ろしの時期に、莢から豆を取り出して種にしています。

第3章

自然農の野菜などの加工・保存の工夫

トマトピューレをビンに詰めて保存

農産物の加工・保存のコツ

農産物は加工、保存することによって収穫できたいのちを無駄にせず、より生かすことができます。生の野菜、果物は鮮度のよい一時期の利用ですが、加工、保存することで長期間の利用に変えることができます。自給の場合ももちろんですが、出荷、販売を目的とする場合は、農産物の収穫、出荷が少ない時期に品数を補ってくれる心強い助っ人です。

最初から加工、保存を目的として育てる場合と、すぐに利用しきれないほどたくさん収穫できた場合の加工、保存と二とおりの意味あいがあります。

農産物が畑から直接収穫できない長い冬を越す寒冷地ほど加工、保存の技術が発達し、生活のなかに組み込まれています。静岡県伊豆地方は露地で一年をとおして何とか収穫が可能なため、それほど多くは生活のなかに組み込まれたものではありませんが、そのなかでも日頃おこなっている基本的な農産物（野菜、果物）の加工保存の仕方について解説します。

梅肉エキス

材料

青梅二kg

つくり方

①青梅を水洗いし、へたを取り水気をふく

②酸に強い陶器かセラミックのおろし器で一個ずつすりおろし、さらしに包んで汁を充分に搾る

③土鍋かガラス鍋に入れて弱火にかけ、アクを取りながら、ときどき木べらで混ぜながら気長に煮つめる。煮つまってきたら、たえず鍋底をこするように混ぜながら火を通す。黒くとろとろになり、木べらで鍋底に筋が引けるようになったらでき上がり。あら熱をとってビンに移す

メモ

常温で何年でも保存できます。

梅ジュース

材料

青梅一kg　ハチミツ一kg（好みで加減する）

つくり方

①青梅を洗って、ていねいに水気をふき取る

②竹串でひとつひとつへたを取り、突いて穴をあける

③清潔なビンに梅を入れ、上からハチミツを注ぎ、ふたをする

④毎日一回ビンをゆすってなじませる。発酵することがあるので、ふたを開けてガス抜きをする

⑤二週間くらいで飲めるようになる。さらしでこして冷蔵庫で保存し、水で五倍くらいに薄めて飲む

メモ

こさずにそのまま一年熟成させると、深い味わいのジュースになります。

梅の実はそのまま食べたり、ケーキに入れたり、ジャムにするとおいしいです。一年熟成させた梅は、大変おいしく、お茶うけに重宝します。

梅干し

材料

梅二kg（黄色く熟した梅）　塩四〇〇g

つくり方

①梅を洗いザルに上げておく

②梅の水気をふきとり、ひとつひとつに塩をまぶしながらカメに詰める

③残った塩を上に振りかけ、押しぶたをして、梅の重さ以上の重石をのせる

④紙で覆ってヒモでしばり、冷暗所に置いておく

メモ

二、三日すると水（白梅酢）が上がります。このまま梅雨明けまで保存し土用干しすると「白梅干し」になります。半月くらいしてから赤ジソを一緒に漬け込むと「赤梅干し」になります。

自家製の梅干し

ウメの土用干し

赤ジソ漬け

材料

赤ジソ四〇〇g　白梅酢一～二カップ、かめから取り分けておく　塩八〇g

つくり方

①赤ジソを枝ごと洗い、水気を切って葉を摘みとる

②半量の塩で赤ジソをよくもみ、黒いアク汁を絞って捨てる

③赤ジソに残りの塩を加えてよくもみ、汁を絞って捨てる

④白梅酢を加え、なじませると鮮紅色に染まる

⑤もみジソを梅の上に並べ、汁を加え、押しぶたをし、梅酢がつねに梅を覆う程度の重石をし、紙ぶたをして梅雨明けまで置く

土用干しの手順

①梅雨が明け晴天が続く頃、梅を取り出してザルかスダレなどに並べて天日に干す

②梅酢を容器ごと日光に当て、一日目の夜は梅を中に戻す

③二日目、再び梅酢から出して干し、そのまま夜干しをする。梅酢はビンにこし入れて保存する。何年でももつ

④三日目、そのまま同じように干し、夜干しをする

⑤四日目、梅に露がついている朝のうちに取り込む

⑥ビンやカメに入れて保存し、年が明けてから食べる

あると重宝する梅酢

赤ジソの利用

絞って広げてカラカラになるまで数日干し、これをもんで細かくし「ゆかり」として保存する。干さずにそのまま梅干しと一緒に保存してもよいです。

梅酢の利用

すし酢やドレッシング、漬け物、あえ物、料理のかくし味などに利用します。また、水で薄めてうがい薬としても役立ちます。

梅ジャム

材料

梅一kg（よく熟したもの）砂糖七〇〇～八〇〇g

つくり方

①梅を洗って、一度水からゆでこぼす

②種をはずして鍋に入れ、砂糖をまぶし、水分が出るまでそのままおく

③水が出たら、弱めの中火でアクを取りながら、こがさないように煮つめ、殺菌したビンに詰める

メモ

酸に強いホーローやガラス鍋を使います。

梅は青い実から黄色く熟した実までそれぞれの状態に適した用途に、逆に用途に適した梅を使用します。青から黄色に梅肉エキス、梅ジュース、梅干し、梅ジャムの順番になります。熟して梅干しの適期を過ぎたものを最後に梅ジャムにすれば、無駄なく使うことができます。

マーマレード

夏ミカン、甘夏、ユズ、ネーブル、レモンなどを材料に。ここでは夏ミカンのマーマレードのつくり方を紹介します。

材料

夏ミカン二個約六〇〇g　砂糖二〇〇～三〇〇g

つくり方

①四つ割りにし皮と実を分け、実は袋から出し、種と袋は別にとっておく

②皮は薄切りにして水の中でもみ洗いし、たっぷりの水からゆでこぼしておく

③とっておいた袋と種を鍋に入れ、かぶるくらいの水を加え三〇分くらい煮て、ザルでこして汁だけ取っておく

④ゆでこぼした皮と、とっておいた実を鍋に入れ、砂糖、③でこした汁を加え、煮立ったらアクを取って弱火にしてこがさないように煮て、とろみがついたら殺菌したビンに詰める

メモ

鍋は酸に強いホーローやガラスなどで。

トマトピューレ

トマトをさいの目に切り、鍋に入れ、中火で半量になるまで煮て、塩少々して殺菌したビンに詰めます。皮と種を入れない場合は、途中でこして再び煮詰めます。

保存できるトマトピューレ

ドライトマト

ミニトマトを半分に切り、一〇〇℃のオーブンで一時間くらい焼きます。さらに天日で三日間くらいカラカラになるまで干します。湿度の高い日本では天日干しのみでつくると途中で傷んだり、カビが出やすくなるのでオーブンの力を借ります。

保存は冷蔵庫が無難ですが、オリーブオイルに漬けておくと常温で一ヶ月はもちます。サラダやパスタに利用します。

干し柿

よく色づいた堅い渋柿を、必ずT字型の枝をつけたまま採ります。へたと枝を残したまま皮をむき、一個ずつひもにつけて軒下などに干します。

柿の大きさや天候によって干す期間は変わりますが、半月から一ヶ月くらいで柔らかくなり、渋も抜けて食べられます。途中、柿をもみほぐすと、種離

カキの皮をむき、軒下に干す

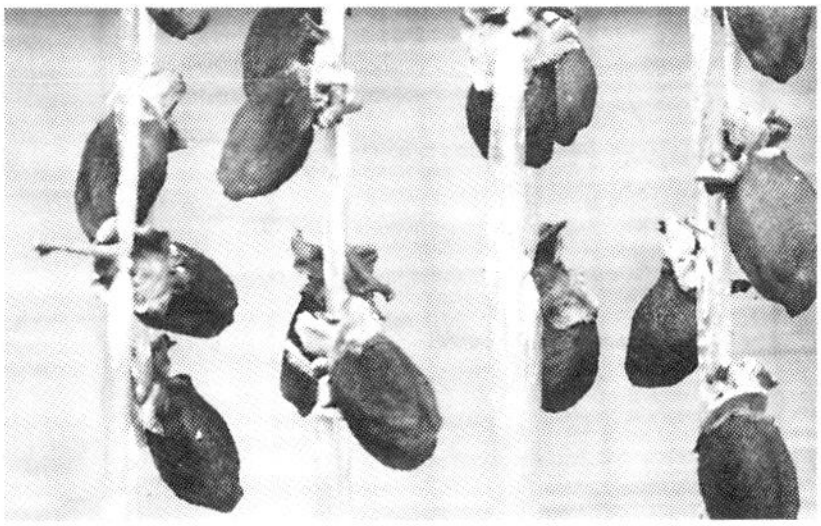

干し柿のできあがり

れがよくなります。暖かい地方で雨が多い年はカビが出やすいので、心配なら、干す前に熱湯に通すとカビが出にくくなります。

わらの中に入れておくと、真っ白い粉が吹いて甘い干し柿になります。

皮は一部干して保存すれば、たくあん漬けなどに利用できます。

柿酢

よく熟した渋柿（甘柿でもよい。堅いものが混っていても大丈夫）を、へたを落とし、さっと洗って水気をふき（洗わずに汚れをふきとるくらいでもよい）、熱湯消毒し、よく乾かしたビンにつぶしながら詰め込みます。ビンの口は紙か布で覆い、紐でしばります。直射日光をさけた比較的暖かな所に置きます。

暖かくなった頃、表面に白い膜、またはゼリー状の膜がはり、酸っぱい匂いと味がしたら、使えます。布などでこし、ビンに詰めて保存します。一年くらいおくと風味が増します。

ミョウガの梅酢漬け

ミョウガを縦に薄く切り、梅酢（白でも赤でもよい）に漬けて一晩おく。そのままで食べられるが、一度絞ってもう一度漬け直すと、冷蔵庫で一年はもちます。

ショウガの梅酢漬け

新ショウガを細切りにし、赤梅酢に漬けると紅ショウガになります。ミョウガと同じように二度漬けすると、長く保存できます。

他にタマネギ、カブ、ダイコン、レンコンなども梅酢の即席漬けにするとおいしいです。

キュウリの塩漬け

材料

キュウリ二kg　水一ℓ　塩九〇g　赤唐辛子一〜

二本

つくり方

①キュウリを、洗って丸のまま容器に詰める

②分量の水に塩と唐辛子を入れて沸騰させ、熱いままキュウリにかける

③押しぶたをして、キュウリの三倍以上の重さの重石をのせる

④翌日には水が上がり、浅漬けとして食べられる。液ごと冷蔵庫に移すと一週間ほどもつ

メモ

当座漬けには水が上がって二〜三日後に液だけを鍋で煮立てアクを取り、熱いままキュウリにかけ、同じように重石をします。これを二〜三日おきに合わせて三回繰り返すと、キュウリの水分が抜けてパリパリとした食感が増し、漬け物らしい味わいになります。漬け液と一緒に冷蔵庫で保存すると、一ヶ月はおいしく食べられます。

長期保存には、直接二〇％の塩で漬け、食べるときに塩抜きします。

漬け物にするキュウリとしては、皮がしっかりして歯切れのよい四葉キュウリがおいしいです。

ザワークラウト

材料

キャベツ一kg　塩二〇g　キャラウェイシード大さじ一

つくり方

①キャベツをせん切りにし、塩をふり、軽くもんでキャラウェイをふり入れる

②容器にぴったり詰めて表面をキャベツの外葉で覆い、キャベツと同量の重石をする

③水が上がったら押さえて捨てる。一週間くらいで酸味が出てきたら食べられる

④好みの酸味になったら冷蔵庫で保存する

メモ

ザワークラウトは、酢を使わずに発酵によって酸味を出したキャベツの塩漬けです。

キャベツの塩漬け

材料

キャベツ大一個（約二kg） 水一ℓ 塩九〇g（キャベツと水の重さの三％） 赤唐辛子一〜二本

つくり方

①キャベツを四ツ割りにして、芯のかたいところに切り目を入れる。芯を下にして、丸のままの形になるように容器に詰める。二〜三個漬けるときも同様に、芯を下にして入れる

②鍋に分量の水と塩、赤唐辛子を入れて沸騰させ、熱々のところをキャベツにまわしかける

③そのまま冷めるまでおき、押しぶたをして二〜三kgの重石をのせて一晩おく

メモ

翌日から食べられ、常温で一週間ほど、冷蔵庫で保存すれば三週間もちます。

ミブナの塩漬け

材料

ミブナ（壬生菜）五〇〇g 塩大さじ一（ミブナの重さの二〜三％） 赤唐辛子一本

つくり方

①容器の底に塩を少しふり、ミブナの株元に塩をまぶしながら、葉と株元が交互に重なるように入れる

②赤唐辛子の小口切りをちらし、最後に残しておいた塩をふる。押しぶたをして一kgの重石をする。押しぶたの上まで水が上がれば、翌日から食べられる。せん切りにしたニンジン、昆布などを加えてもよい

メモ

キョウナ（京菜）、キョウミズナ（京水菜）、ナバナでも同様に塩漬けできます。

ハクサイの塩漬け

材料

ハクサイ五kg（二～三株）　塩一五〇～二〇〇g（白菜の重量の三～四％）　昆布二㎜幅に刻んで　ユズ（好みで）　赤唐辛子

つくり方

①ハクサイの根元に切り込みを入れて手でさき、四～六つ割りにする

②切り口を上にして半日から一日干し（こうすると甘味が増すが干さなくてもよい）、水洗いする

③容器の底に軽く塩をふり、根元と葉先が交互になるようにきっちり詰め、塩、昆布、ユズ、唐辛子をちらす

④次の段は下の段と直角になるように並べ、同様に詰めていく

⑤いちばん上の段に塩を多めにふり、押しぶたをし、五～一〇kgの重石をし、紙で覆って紐で縛り、冷暗所に置く

⑥水が上がったら、重石を半分にする。四～五日後から食べられる

メモ

塩だけで漬けて水が上がってから一度取り出して、昆布、ユズ、唐辛子を入れながら塩味も好みで足し、汁を戻して二度漬けする方法もあります。風味がよく仕上がります。

たくあん漬け

ダイコンをきれいに洗って葉ごと二本ずつしばり、風通しと日当たりのよいところで竿などにかけて干します。「く」の字に曲がるようになるまで一～二週間干し、葉を落とします。長期保存のたくあんは、「の」の字に曲がるくらいよく干します。葉は少しとっておきます。

材料

干しダイコン一〇kg　米ぬか一～二kg　塩四〇〇g～　赤唐辛子

つくり方

①米ぬかと塩、赤唐辛子（他に入れるものがあれば一緒に）を混ぜておく
②容器の底に米ぬかを一面に振り、ダイコンをぎゅっと押しながらきっちり詰めていく。すき間にはダイコンを切って押し込むか葉を詰める
③米ぬかを振り、ダイコン詰めを繰り返し、いちばん上に残りのぬかを全部振り、葉を敷き詰めて押しぶたをする
④ダイコンの一・五〜二倍の重石をして紙ぶたをして紐でしばり、日の当たらないところに置く
⑤一週間くらいたって水が上がらなければ塩水をさす

メモ

だいたい一ヶ月半頃から食べ始め、四％の塩分のものは暖かくなったら米ぬかをつけたまま冷蔵庫に入れるとよい。白くぬるっとカビのようなものがついても洗えば問題ありません。

好みで干したカキの皮、リンゴの皮、ミカンの皮、ナスの葉、皮、へた、昆布などを入れると風味が増しますが、発酵が早まるので長期保存には入れないほうがよいようです。

常温で長くもたせるためには、よく干したダイコンを使い、塩もきつくします。底のほうにいくほど塩を多めに振っておくのもよいです。

ダイコンはたくさんの品種があり、煮物、おろし、生食、漬け物それぞれの用途に向く品種を選ぶことで、よりおいしく食べることができます。たくあん漬けの場合は、根が細く長いものが向いています。代表的なものは練馬ダイコン、他に宮重ダイコン、阿波晩生ダイコンなどがあります。

切り干しダイコン

せん切りにして、ザルに広げて干します。乾きかけのときに手でもむと甘みが増し、縮れて味がからみやすくなります。風通しと日当たりのよい場所では、一〜三日で干せます。どの品種のダイコンでもできます。ニンジンなども同じように切り干しにできます。

割り干しダイコン

厚さ一㎝に縦に板状に切り、さらに縦に細長く切り込みを入れます。根元のほうは切らずに、つなげておきます。切り残した部分に紐をとおし、吊るして干します。せん切りより干し上がるのに時間がかかりますが、漬け物にも煮物にもおいしいです。どの品種のダイコンでもできます。

丸干しダイコン

細めのものを丸のまま、たくあん用ダイコンを干すときの要領で干します。夜は取り入れ、太さにもよりますが一〇日間ほど干します。一晩水につけて戻し煮物にします。これは長期保存には向きませんが、二ヶ月以上縄のようになるまで干すと長く保存できます。三日～一週間水をかえながら戻し、薄い小口切りにして漬け汁（醤油、みりん、酢、だし汁、ショウガなどを煮立て好みの漬け汁をつくる）に漬け込むとパリパリと歯ごたえのある漬け物になります。たくあん漬けと同じように細く長い練馬ダイコン、宮重ダイコン、阿波晩生ダイコンなどが向いています。

ダイコン干し葉

ダイコンの葉を、塩少々入れた熱湯でさっと湯がきます。水気を絞り、そのまま吊るして干すか、刻んでざるに広げて天日で干します。みそ汁の具やふりかけに、また、水で戻して料理の彩りに利用します。

生のまま干すと茶色くなりますが、これを煮出してお風呂に入れると大変温まります。

みそ

材料

大豆一kg　こうじ一kg　塩四〇〇g（一割ほど取り分けておく）

できあがり四kg弱

つくり方

①こうじと塩を混ぜ合わせておく（塩切りこうじ）

②大豆を洗って三倍の水に一晩つけ、指でつぶれるくらいまで柔らかく煮る

③ザルにあけ（煮汁はとっておく）、熱いうちにすりこぎやマッシャーなどですりつぶす

④すりつぶした大豆に、塩切りこうじを混ぜ合わせる。煮汁を少しずつ加え、しっとりまとまる固さに調節する

絶品の手前みそ

⑤熱湯消毒したカメに詰める。このとき、だんご状に丸め、叩きつけるように入れ、空気を抜き、隅々までしっかり詰める

⑥表面を平らにならし、取り分けておいた塩をふる

⑦空気にふれないよう、さらしか竹の皮で覆い、押しぶたをして重石をのせ、紙をかぶせて、紐で縛っておく

メモ

冬に仕込んだものは半年後くらいから食べられます。その間、何度か中の様子を見てカビが出ていたら取り除き、全体を混ぜます。

多く仕込んだものは、一年以上熟成させると深い味わいになります。

みそは日本の食卓には欠かせません。材料のダイズは、それぞれの地方地域に根づいたものがありますので、近くでダイズを育てている方がいたら、品種とまき時を尋ねてみてください。

こうじによって米みそ、麦みそ、豆みそとなりますので好みのものをつくってください。

生いもこんにゃく

材料

こんにゃくいも（皮をむいて）五〇〇g　水一・五ℓ

凝固剤（炭酸ナトリウム、水酸化カルシウムなど）小さじ一

つくり方

①水を入れた鍋の中に、皮をむいたこんにゃくいもを直接、おろし金ですりおろす。ミキサーにかけてもよいが、その場合、ざく切りにした生いもを数回に分けて水と一緒に入れて、ドロドロにしてから鍋に入れる

②鍋を弱火にかけ、焦がさないように木べらでよく混ぜながら煮て、プリッと固くなってきたら味をみて、エグ味がなければ火を止める

③凝固剤を一カップくらいのぬるま湯で溶き、回し入れる。少し力がいるが、よくかき混ぜ、ぽろぽろになっても混ぜ続けると再びねっとりしてくる

④バットや缶などの型に入れ、平らにならし三〇分くらいおく

⑤好みの大きさに切り分けて、たっぷりの熱湯で三〇分くらいゆでる

⑥ゆで上がったら、たっぷりの水にさらし、ときどき水をかえながら保存する

メモ

こんにゃくはインドシナ半島原産のサトイモ科の多年草です。普通は秋に地上部が枯れたら掘り上げて貯蔵し、春に植え直して育てるようですが、わたしは人きくなるまでとくに植え替えせずそのまま育て、大きくなった芋を掘り上げて、そのとき、まわりにできた子芋を周辺に植えつけ、あまり手をかけずに育てています。

こんにゃくは、三〜五年たって大きくなった芋を使ってつくります。

昔ながらのつくり方は、わら灰や木炭を水で溶いてこしたものを凝固剤として使います。

あとがき

農業従事者の高齢化、後継者不足、現在農業のおかれている状況から年々耕作放棄地が増えています。また、一方で農家ではない方々が家庭菜園、自給農園に数多く取り組まれています。わたしもそうでしたが、耕作放棄地で始める方も多いのではないでしょうか。いったん耕作を放棄し、草が生えた畑を元の状態に戻すために並大抵でない労力が必要で、社会的にも大きな損失と思われています。しかしながら、その畑の状態は自然農を始めるにあたっては何ら問題のない、逆に適している場合が多いのです。自然農という栽培の仕方を手にしたならば、荒れたと思われた畑は少しの手が入るだけでとても豊かな畑に生まれ変わります。

わたしは今まで畑の土壌分析をしたことがなかったのですが、二〇一〇年、静岡自然農の会のメンバーが畑の土壌分析をおこなってくれました。約二〇年、耕さず、人為的に肥料を施さず、何度もイノシシに侵入され、土を掘り返され、ときどき休ませながら栽培を続けた畑です。結果は、それぞれの分析項目で一般的な畑の基準値の倍の数値があり、そしてバランスもよいものでした。改めて自然の営みの豊かさ、絶妙さを知らされました。

以前、「まかれたところに咲きなさい」という言葉に会いました。この無限の広がりの宇宙の中で、この時代、この場所に生を受け、存在しています。まかれたところは、ここなのだと思います。植物に限らず人においても与えられた環境の中で天命を知り、人として花を咲かせ、実るように生きていくのだろうと思います。

わたしが農業で何か考えるばかりで、ためらっていることがありました。そんなときに徳島の自然農仲間の沖津一陽《かずあき》さんから「高橋さん、やってみたらどうですか」という言葉をかけてもらい、背中を押してもらいました。やってみないと結果は得られません。「田植えも一本一本、苗を植えることで終わる。ひとつひとつの作業で田畑になっていく」そんな言葉を川口さんからいただいたことがあります。田畑に限らず事を成すには、いきなりでき上がるものではありません。気の遠くなるようなこともひとつひとつの積み重ね。折に触れ、何気ない出会った言葉からも力をもらい、農業を続けてくることができました。

まず、本書の監修を、そして言葉を添えていただき、自然農だけでなく、人としてのあり方をいつも実践で教えてくださっている川口由一さん、さらに農家でないわたしたちに農的な暮らしをする機会をつくり、現在に至るまでさまざまに支えてくださっているフォーク歌手で白鷗大学教授の山本コウタローさん、映画評論家の吉田真由美さんに深く感謝申し上げます。

また、本書の企画、構成から編集に至るまで手がけてくださった創森社の相場博也さん、編集関係のみなさん、初秋の畑の姿を写真に収めてくださった三宅岳さん、ともに自然農の学びをしている静岡自然農の会、そして全国で自然農を実践しているみなさん。わたしたちの野菜を生かし、わたしたちの農業、暮らしを支え、励ましてくださっている消費者の方々、畑を貸してくださっている地元の方々に謝意を表します。そして第3章の多くは妻の恵が担ってくれたことを記します。多くの皆様のおかげで本書を刊行できました。ありがとうございます。

著　者

◆自然農学びの場 インフォメーション

＊福岡県では4か所が福岡自然農塾（鏡山悦子）を編成　2020年8月現在（一部、改訂）

学びの場　名称	郵便番号	住　所	氏　名	電話番号
妙なる畑の会・見学会 妙なる畑の会・全国実践者の集い	633-0083	奈良県桜井市辻120　（問い合わせ）	余語　規子 三輪　淳子	0744-32-4707 090-3526-3404
やえはた自然農園	028-3142	岩手県花巻市石鳥谷町八重畑9-20-5	藤根　正悦	0198-46-9606
丸森かたくり農園	981-2401	宮城県伊具郡丸森町小斉一ノ迫56	北村　みどり	0224-78-1916
農暮学校（つぶら農園）	981-2105	宮城県伊具郡丸森町舘矢間松掛字新宮田14	安部　信次	0224-72-6399
自然農を学ぶ会つくば	305-0071	茨城県つくば市稲岡495-32	中田　隆夫	029-836-3772
食養庵．陽（ひかり）	319-2221	茨城県常陸大宮市八田1139-3	斎藤　陽子	0295-52-3703
さいたま丸ヶ崎自然農の会	337-0001	埼玉県さいたま市見沼区丸ヶ崎1856	山本　壮一	090-4387-0350
千葉自然農の会	299-1906	千葉県安房郡鋸南町横根217-2	米山　美穂	0470-55-9057
四街道自然農の会	284-0006	千葉県四街道市下志津新田2537-24	木川　正美	043-421-4728
青梅「畑の学校」	198-0041	東京都青梅市勝沼2-341	鈴木　真紀	0428-78-3117
よこはま自然農の郷・「遊山房」	224-0001	神奈川県横浜市都筑区中川1-18-13-103	二宮　倫行	045-913-2725
結まーる自然農園 八ヶ岳自然農の会・学びの会	408-0022	山梨県北杜市長坂町塚川611	三井　和夫	0551-32-4705
野風草	408-0035	山梨県北杜市長坂町夏秋922-6	舘野　昌也	0551-32-3473
わくわく田んぼ	408-0317	山梨県北杜市白州町下教来石489	おおえ　わかこ	0551-35-4139
八ヶ岳自然生活学校	399-0101	長野県諏訪郡富士見町境7308	黒岩　成雄　牧子	0266-64-2893
長野自然農学びの場　四賀村	399-7417	長野県松本市刈谷原町692	松本　諦念	0263-64-2776
あずみの自然農塾	399-8602	長野県北安曇郡池田町会染552-1 ゲストハウスシャンティクティ	臼井　健二	0261-62-0638
富山自然農を学ぶ会	939-2433	富山市八尾町清水524	石黒　完二	076-458-1035（森）
八尾町大玉生学びの場	939-2455	富山市八尾町大玉生651	森　公明	076-458-1035
上市町塩谷学びの場	930-0467	富山県中新川郡上市町塩谷29	石田　淳悦	076-472-5677
砺波市頼成学びの場	932-0217	富山県南砺市本町4-29	磯辺　文雄	0763-82-4257
不耕起自然農を学ぶ一歩の会	501-0619	岐阜県揖斐郡揖斐川町三輪848	木村　君子	058-522-3224
自然農園　綾草	505-0071	岐阜県加茂郡坂祝町黒岩850	兼松　明子	0574-26-9136
農楽友の会 自然農学びの場	505-0003	岐阜県美濃加茂市山之上町3435-19	中山　千津子	0574-25-6909
清沢塾	420-0039	静岡市葵区上石町3-313	小長谷　建夫	054-253-1825

静岡自然農の会	410-0232	静岡県沼津市西浦河内601	高橋 浩昭	055-942-3337
	436-0074	静岡県掛川市葛川630-7	田中 透	0537-21-6122
かぎしっぽ農園〈休塾〉	441-1222	愛知県豊川市豊津町神ノ木222-9	伊藤 淳期	0533-93-0239
里の田 伊賀	518-0116	三重県伊賀市上神戸720	柴田 幸子	0595-37-0864
赤目自然農塾		三重県名張市・奈良県宇陀市 中村康博(https://akameshizennoujuku.jimdofree.com) (問い合わせ) 坂上 090-7601-7344 大田 0743-25-7823		
粟原自然農園	633-0245	奈良県宇陀市榛原笠間2163	中村 康博	0745-82-7532
生駒自然農園	630-0262	奈良県生駒市緑ヶ丘1454-39	大田 耕作	0743-25-7823
柏原自然農塾	582-0009	大阪府柏原市大正三丁目1-35	山本 利武	0729-72-0467
仰木自然農学びの会〈休塾〉	520-0533	滋賀県大津市朝日1-14-7	森谷 守	077-594-0652
梅の里 自然農園	645-0022	和歌山県日高郡みなべ町晩稲1451	勇惣 浩生	0739-74-2324
もみじの里自然農学びの場	656-0006	兵庫県洲本市中川原町二ツ石95	大植 久美	marumashinkyu@yahoo.co.jp
一陽自然農園	771-1613	徳島県阿波市市場町大俣字行峯207	沖津 一陽	0883-36-4830
愛媛自然農塾	791-8092	愛媛県松山市由良町919	山岡 亨	089-961-2123
自然農学びの会 岡山	701-0113	岡山県倉敷市栗坂108-3	八木 真由美	086-463-3676
大北農園 あまつちひとの集い	709-2551	岡山県加賀郡吉備中央町下土井701	大北 一哉	0867-35-1125
共生わくわく自然農園	712-8015	岡山県倉敷市連島町矢柄5877-11	難波 健志	086-444-5404
美作自然農を楽しむ会	709-3712	岡山県久米郡美咲町金堀562 賢治の楽交	前原 ひろみ	0868-66-2133
東広島自然農塾	739-0002	広島県東広島市西条町吉行1544	池崎 友恵	082-420-0080
大庭自然農の会	690-0015	島根県松江市上乃木4-21-12	周藤 久美枝	0852-21-0243
松国自然農塾	810-0033	福岡市中央区小笹2-8-47	村山 直通	090-7927-2726
一貴山自然農塾	819-1622	福岡県糸島市二丈一貴山560-13	鏡山 英二	092-325-0745
花畑自然農塾	810-0033	福岡市中央区小笹2-8-47	村山 直通	090-7927-2726
木下農園	819-1124	福岡県糸島市加布里839	木下 まり	092-323-6606
自然農園 こころ	880-1101	宮崎県東諸県郡国富町本庄4124	岩切 義明	0985-75-1015
結熊(ゆうゆう)自然農園 暮らしの学び場 アルモンデ	861-0404	熊本県山鹿市菊鹿町上永野1744-1	こみどり わこ	0968-41-6264
綾自然農塾	880-1302	宮崎県東諸県郡綾町北俣2365-1	北條 直樹	0985-77-2008

◆主な参考・引用文献一覧

「妙なる畑に立ちて」（川口由一著　野草社　1990）
「自然農　川口由一の世界」（川口由一・鳥山敏子著　晩成書房　2000）
「自然農への道」（川口由一編　創森社　2005）
「野菜の種はこうして採ろう」（船越建明著　創森社　2008）
「いのちの種を未来に」（野口勲著　創森社　2008）
「野菜探検隊 世界を歩く」（池部誠著　文藝春秋　1986）
「野菜探検隊 アジア大陸縦横無尽」（池部誠著　文藝春秋　1990）
「自然農に生きる人たち」（新井由己著　自然食通信社　2008）
「自然農　いのちの営み、田畑の営み」（鏡山悦子著　南方新社　2006）
「自然流家庭菜園のつくり方」（徳野雅仁著　JICC　1992）
「自然流野菜づくり」（徳野雅仁著　ひかりのくに　1987）
「わら一本の革命」（福岡正信著　春秋社　1983）
「〈自然〉を生きる」（福岡正信著　春秋社　1997）
「大平農園の野菜づくり」（大平博四著　学研　1992）
「本物の野菜づくり」（藤井平司著　農文協　1975）
「生命のかがやき　農学者と４人の対話」（中井弘和編　野草社　2007）
「自然栽培ひとすじに」（木村秋則著　創森社　2007）
「奇跡のリンゴ」（石川拓治著　幻冬舎　2008）
「食材図典」（小学館　1995）
「都道府県別　地方野菜大全」（タキイ種苗編　芦澤正和監修　農文協　2002）
「最新　農業小事典」（農業事典編纂委員会編　農業図書　1988）
「手づくりのすすめ」（自然食通信編集部編　自然食通信社　1988）
「漬けもの四季折々」（婦人之友社編集部編　婦人之友社　2000）

◆野菜名さくいん（五十音順）

• 自然農MEMO •

監修者の川口由一が就農後、農薬や化学肥料を使った農業を続けることで心身を損ね、いのちの営みにまかせ、自然の理にかなった農業を模索し、1970年代後半に自然農にたどりつく。以来、40年近くにわたり、不耕起・無肥料・無農薬で稲作と野菜の栽培をおこない、全国各地の自然農の実地指導にもあたる。

「耕さず、肥料、農薬を用いず、草や虫を敵としない」という教えや「耕さず、持ち込まず、持ち出さない」という3大原則は、すべてのいのちの営みを大切にし、環境に負担をかけずに実りに結びつける自然農の技術をあらわす言葉として知られている。

ミニトマト(梓川ミニトマト)を収穫

デザイン——寺田有恒　ビレッジ・ハウス
イラストレーション——落合恒夫
写真——三宅 岳　高橋浩昭　熊谷 正
蜂谷秀人　福田 俊　ほか
資料協力——澤井久美(赤目自然農塾)
野口 勲(野口のタネ)
校正——吉田 仁

監修者プロフィール

●**川口由一**（かわぐち よしかず）

1939年、奈良県生まれ。農薬・化学肥料を使った農業で心身を損ね、いのちの営みに添った農を模索し、1970年代半ばから自然農に取り組む。自然農と漢方医学をともに学ぶ場（妙なる畑の会、赤目自然農塾、漢方学習会）をつくり、福岡自然農塾など全国各地の学びの場に伝えている。静岡大学農学部、愛媛大学農学部大学院非常勤講師などを務める。

著書に『妙なる畑に立ちて』（野草社）、『自然農―川口由一の世界』（共著、晩成書房）、『自然農への道』（編著、創森社）、『自然農にいのち宿りて』（創森社）ほか

著者プロフィール

●**高橋浩昭**（たかはし ひろあき）

1960年、茨城県生まれ、東京都育ち。筑波大学大学院環境科学研究科修了後、㈱ナチュラルハウスで自然食品、有機農産物の流通・販売に従事。1988年、結婚と同時に伊豆の山間地（静岡県沼津市）に移住し、空き家と畑を借りて農的暮らしをスタート。また、川口さんが主宰する妙なる畑の会合宿会にも参加し、自然農の考え方、取り組み方を学ぶ。現在、1haの畑で50種類余りの野菜と数種類の果樹を手がけ、30軒余りの家庭への宅配と3店舗への直送をおこなう。また、静岡自然農の会代表を務め、学習会などを開催する。

著書に『自然農への道』（共著、創森社）

自然農《しぜんのう》の野菜《やさい》づくり

2010年10月14日　第1刷発行
2022年8月9日　第5刷発行

監修者――川口由一《かわぐちよしかず》

著　者――高橋浩昭《たかはしひろあき》

発行者　相場博也

発行所――株式会社 創森社

〒162-0805 東京都新宿区矢来町96-4

TEL 03-5228-2270　FAX 03-5228-2410

http://www.soshinsha-pub.com

振替00160-7-770406

組　版――有限会社 天龍社

印刷製本――中央精版印刷株式会社

 ISBN978-4-88340-253-3 C0061

〝食・農・環境・社会一般〟の本

創森社　〒162-0805 東京都新宿区矢来町96-4
TEL 03-5228-2270　FAX 03-5228-2410
http://www.soshinsha-pub.com

＊表示の本体価格に消費税が加わります

農福一体のソーシャルファーム
新井利昌 著　Ａ５判１６０頁１８００円

西川綾子の花ぐらし
西川綾子 著　四六判２３６頁１４００円

解読　花壇綱目
青木宏一郎 著　Ａ５判１３２頁２２００円

ブルーベリー栽培事典
玉田孝人 著　Ａ５判３８４頁２８００円

育てて楽しむ　スモモ　栽培・利用加工
新谷勝広 著　Ａ５判１００頁１４００円

育てて楽しむ　キウイフルーツ
村上 覚 ほか 著　Ａ５判１３２頁１５００円

ブドウ品種総図鑑
植原宣紘 編著　Ａ５判２１６頁２８００円

育てて楽しむ　レモン　栽培・利用加工
大坪孝之 監修　Ａ５判１０６頁１４００円

未来を耕す農的社会
蔦谷栄一 著　Ａ５判２８０頁１８００円

農の生け花とともに
小宮満子 著　Ａ５判８４頁１４００円

育てて楽しむ　サクランボ　栽培・利用加工
富田 晃 著　Ａ５判１００頁１４００円

炭やき教本～簡単窯から本格窯まで～
恩方一村逸品研究所 編　Ａ５判１７６頁２０００円

九十歳　野菜技術士の軌跡と残照
板木利隆 著　四六判２９２頁１８００円

エコロジー炭暮らし術
炭文化研究所 編　Ａ５判１４４頁１６００円

図解　巣箱のつくり方かけ方
飯田知彦 著　Ａ５判１１２頁１４００円

とっておき手づくり果実酒
大和富美子 著　Ａ５判１３２頁１３００円

分かち合う農業ＣＳＡ
波夛野 豪・唐崎卓也 編著　Ａ５判２８０頁２２００円

虫への祈り―虫塚・社寺巡礼
柏田雄三 著　四六判３０８頁２０００円

新しい小農～その歩み・営み・強み～
小農学会 編著　Ａ５判１８８頁２０００円

とっておき手づくりジャム
池宮理久 著　Ａ５判１１６頁１３００円

無塩の養生食
境野米子 著　Ａ５判１２０頁１３００円

図解　よくわかるナシ栽培
川瀬信三 著　Ａ５判１８４頁２０００円

鉢で育てるブルーベリー
玉田孝人 著　Ａ５判１１４頁１３００円

日本ワインの夜明け～葡萄酒造りを拓く～
仲田道弘 著　Ａ５判２３２頁２２００円

自然農を生きる
沖津一陽 著　Ａ５判２４８頁２０００円

シャインマスカットの栽培技術
山田昌彦 編　Ａ５判２２６頁２５００円

農の同時代史
岸 康彦 著　四六判２５６頁２０００円

ブドウ樹の生理と剪定方法
シカバック 著　Ｂ５判１１２頁２６００円

食料・農業の深層と針路
鈴木宣弘 著　Ａ５判１８４頁１８００円

医・食・農は微生物が支える
幕内秀夫・姫野祐子 著　Ａ５判１６４頁１６００円

農の明日へ
山下惣一 著　四六判２６６頁１６００円

ブドウの鉢植え栽培
大森直樹 編　Ａ５判１００頁１４００円

食と農のつれづれ草
岸 康彦 著　四六判２８４頁１８００円

半農半Ｘ～これまで・これから～
塩見直紀 ほか 編　Ａ５判２８８頁２２００円

醸造用ブドウ栽培の手引き
日本ブドウ・ワイン学会 監修　Ａ５判２０６頁２４００円